粮油仓储企业安全生产技术

曹 阳 张 涛 等 编著

科 学 出 版 社

北 京

内 容 简 介

本书系统介绍粮油仓储企业安全生产的基本概念，粮油仓储企业生产环节危险源识别、预警防范、应急处置等的安全生产技术；着重阐述粮油仓储企业火灾预防、粉尘防爆、粮堆坍塌事故防范、有限空间作业预警防范、熏蒸作业安全生产技术、高空作业安全生产技术、电气设备安全生产技术七类专项作业安全生产技术。

本书既可作为粮食行业安全生产等方面的教学和培训用书，又可作为粮食储运领域科研、生产与管理的参考用书。

图书在版编目（CIP）数据

粮油仓储企业安全生产技术/曹阳等编著. —北京：科学出版社，2019.12

ISBN 978-7-03-063458-0

Ⅰ. ①粮… Ⅱ. ①曹… Ⅲ. ①粮食行业－仓储企业－安全生产－生产管理－中国 Ⅳ. ①F259.23

中国版本图书馆 CIP 数据核字（2019）第 265008 号

责任编辑：吴卓晶 / 责任校对：王 颖

责任印制：吕春珉 / 封面设计：东方人华平面设计部

科学出版社 出版

北京东黄城根北街 16 号

邮政编码：100717

http://www.sciencep.com

北京九州迅驰传媒文化有限公司 印刷

科学出版社发行 各地新华书店经销

*

2019 年 12 月第 一 版 开本：B5（720×1000）

2021 年 4 月第二次印刷 印张：11

字数：195 000

定价：79.00 元

（如有印装质量问题，我社负责调换〈九州迅驰〉）

销售部电话 010-62136230 编辑部电话 010-62143239

作 者 简 介

曹　阳，研究员，国家粮食和物资储备局科学研究院粮食储运领域首席科学家，粮油储藏技术研究组原组长，粮食储运国家工程实验室原主任，中澳粮食收获后生物安全和质量控制联合研究中心科技负责人，国家“十三五”重点研发计划 2016 年优先启动“现代食品加工与粮食收储运技术与装备”专项实施方案和指南编制专家，澳大利亚科技部合作研究中心第 13 轮项目筛选评审专家，《中国粮油学报》审稿专家，2010 年国家科学技术进步奖一等奖项目“粮食储备‘四合一’新技术研究开发与集成创新”的主要承担人之一。主持和参加完成国家级项目和课题多项。主要从事粮油储藏科学研究、技术研发和推广工作。

张　涛，博士后，副研究员，国家粮食和物资储备局科学研究院储运研究所安全生产方向负责人，国家粮食和物资储备局安全储粮与安全生产技术指导专家组原成员。主持和参加国家级课题 7 项，发表国内外核心期刊论文 30 余篇，获发明专利 2 项。参与制定行业标准 3 项，地方标准 1 项。2017 年获中国粮油学会科学技术二等奖（第 4 完成人），2018 年获中国粮油学会科学技术三等奖（第 2 完成人）。

高玉树，高级技师，全国技术能手，全国劳动模范，享受国务院特殊津贴专家，国家粮食和物资储备局安全储粮与安全生产技术指导专家组成员，现任北京粮食集团有限责任公司储备和仓储管理部副部长。2010 年成立高玉树创新工作室、2011 年成立高压树粮油保管员首席技师工作室，二者均为北京市级以个人名字命名的工作室；2016 年成立全国粮食行业技能拔尖人才工作室。发表专业论文 20 余篇，承接、参与国家级科研课题相关任务 8 项，连续多年参加全国及部分省市粮食行业安全生产培训工作。

郝立群，教授，研究员级高级工程师，辽宁省粮食科学研究所副所长，国家粮食和物资储备局安全储粮与安全生产技术指导专家组原成员。完成 20 多项国家及省市各类科研课题，完成 10 余项粮食加工工程设计、安装与调试。参加《粮食行业安全生产培训教程》等多部书籍编写。发表论文 30 余篇。获国家专利 5 项，中国粮油学会科学技术一等奖 1 项、三等奖 1 项。参加国家粮食和物资储备局组织的多部标准规范的起草、制定、修订、审定工作。多次参加国家、省及粮食集团公司等组织的安全生产检查，生产安全事故调查与分析工作，多次为安全生产培训班授课。

舒在习，教授，硕士生导师，武汉轻工大学粮油储藏与检验系主任，中国粮油学会理事，国家粮食和物资储备局安全储粮与安全生产技术指导专家组原成员。长期从事粮油储藏与品质控制、仓储技术与安全生产的教学、理论研究和实践工作，主持和参加国家级课题 5 项，发表国内外核心期刊论文 30 余篇，主编及参编专著和高校教材 9 部。

高彬彬，高级工程师，长期从事储备粮油管理和粮油储藏技术研究工作，曾担任教育培训工作，历任浙江省储备粮公司仓储部经理、浙江省粮食干部学校副校长、浙江省储备粮管理公司副总经理，中国粮油学会储藏专业分会理事，全国粮食行业职业技能鉴定专家评审委员会专家，浙江农林大学农业与食品科学学院客座教授。参加国家级课题 2 项，参与制定行业标准 1 项，参编《粮油仓储安全生产事故案例分析与防范》著作 1 部，发表论文多篇，获国家专利 5 项，2016 年中国粮油学会科学技术二等奖 1 项，第四届全国粮油优秀科技工作者。

魏国富，高级工程师，现就职于中储粮集团公司北京分公司。自 1984 年参加工作以来，一直从事粮食仓储和企业安全生产管理工作，先后获得原商业部科技进步三等奖 1 项，河北省粮食和物资储备局科技进步一等奖 2 项，石家庄市科技进步一等奖 3 项，合著有《实用机械通风储粮技术》，合编了《粮油保管员职业技能培训教材》，多次参加全国粮食行业职业技能大赛的评审和行业标准、安全管理规范的起草工作，为粮食行业的科技进步和安全发展做出了一定贡献。

吴存荣，河南工业大学粮油食品学院教授，曾任粮食储藏与安全教育部工程研究中心副主任，全国粮油标准化技术委员会第一届粮食储藏及流通分技术委员会委员兼秘书长，中国粮油学会粮油质检研究分会常务理事，中国粮油学会储藏分会理事，长期从事粮食储藏及品质检验技术研究。主持修订 ISO 5526《谷物、豆类与可食用粮食 术语》等国际标准、国家及粮食行业标准 30 余项，主持和参加国家及省部级课题多项，发表学术论文 30 篇，曾获 2004 年中国标准创新贡献奖一等奖等奖励，第三届全国粮油优秀科技工作者。

白春启，博士，2012 年毕业于中国农业大学，农业昆虫与害虫防治专业，本科及硕士研究生均毕业于河南工业大学（原郑州粮食学院），现为河南工业大学粮油食品学院粮油储藏系教师，中国粮油学会储藏分会第八届理事，国家职业技能鉴定（粮油保管员、粮油质量检验员）考评员，*Grain & Oil Science and Technology* 期刊编委，粮油食品科技期刊论文审稿人。主持和参加国家项目 3 项，主持河南工业大学高层次人才基金和省属高校基本科研业务费专项资金自然科学项目各 1 项；发表科技论文 10 余篇，授权国内发明专利 1 项。

本书编委会

前　言

安全生产是一切行业企业健康发展的基石，关系人民群众的生命和财产安全，关系改革、发展和稳定大局。中共中央、国务院高度重视安全生产工作，多次指出，必须始终坚持人民利益至上，牢固树立安全发展理念，扎实落实安全生产责任制，加快健全隐患排查治理体系和风险预防控制体系，堵塞各类安全漏洞，确保人民生命财产安全。

安全生产是粮食行业和企业可持续发展的基石，是国家粮食安全的根本保障。粮食是安天下之本，国家粮食储备是保证国家粮食安全的重要战略措施。粮油仓储企业担负着保护国家储备粮安全的神圣职责，因作业流程复杂，设施设备和粮食种类较多，企业安全生产面临事故多发的严峻问题和科学防范的重大挑战。

近年来，各级粮食行政管理部门和广大粮油仓储企业对安全生产工作日益重视，从完善体制、增加投入、落实责任、严格管理等方面加大投入，企业安全保障能力得到显著提升，控制安全生产的环境进一步优化，粮食行业安全生产形势总体向好，安全生产事故总量呈现下降的趋势。随着中国现代农业的发展，粮食连年丰收，粮油流通量和储备量持续高位运行，但粮油仓储企业安全生产仍然面临巨大压力。特别是随着粮食流通主体的日益多元化，全社会粮食仓储设施建设规模不断扩大，机械化作业程度大幅度提高，新技术和设备的应用越来越多，但从业的专业人员日益匮乏，整个粮食行业安全生产事故隐患有所增加，粮食行业仍处于事故易发、多发期。

虽然粮食行业不属于安全生产的高危行业，但存在着许多特殊的安全风险。磷化氢熏蒸中毒和火灾、气调和密封储粮人员窒息伤害、进出粮作业和粮堆倒塌塌陷、粮仓或粮库粉尘爆炸灾害等重大安全生产事故时有发生，造成财产和人员生命的损失巨大，全行业的安全生产形势不容乐观。为使粮油仓储企业行政管理者知道如何管，粮库负责人知道如何抓，作业人员知道如何做，使企业安全生产的各项规章制度，粮食行业操作标准、规程真正落地，及时排除事故隐患，预防和杜绝生产安全事故的发生，国家粮食和物资储备局科学研究院组织行业内有关学者、专家、管理人员撰写了本书。

由于作者学术水平有限，书中不足之处在所难免，恳请读者给予批评指正。

作　者

2018 年 11 月

目　录

第一篇　粮油仓储企业安全生产的基础知识

第三篇 粮油仓储企业专项作业安全生产技术

第一篇

粮油仓储企业
安全生产的基础知识

第 1 章　粮油仓储企业安全生产的基本概念

1.1　粮油仓储企业安全生产的相关术语与定义

1.1.1　安全生产

一般意义上讲，安全生产是指在社会生产活动中，通过人员、机器、物料、方法、环境的和谐运作，生产过程中潜在的各种事故风险和伤害因素始终处于有效控制状态，能够切实保障劳动者的生命安全和身体健康。

粮油仓储企业的安全生产中，人员、机器、物料、方法、环境 5 个因素的核心是粮食物料，特别是原粮。企业的从业人员和管理人员对大宗粮食物料（原粮）的储存堆码、散粒堆积、移动搬运、粉尘燃爆、生命呼吸、受限空间、虫霉危害、药剂中毒、自燃火灾等的特殊性认识不足，与机器、方法和环境等方面的和谐运作经常无法实现，加之近年来国家储粮数量巨大，以及随着劳动力紧缺，外包外聘劳务人员增多，人员安全生产作业培训较少乃至缺乏，粮油仓储企业的安全生产事故多发，损失巨大。因此，粮油仓储企业要高度重视安全生产管理工作。

1.1.2　安全生产管理

安全生产管理是针对人们在生产过程中的安全问题，运用有效的资源，发挥人们的智慧，通过人们的努力进行有关决策、计划、组织和控制等活动，实现生产过程中人员与机器、物料、方法、环境的和谐运作，达到安全生产的目标。安全生产管理包括安全生产法制管理、行政管理、监督检查、工艺技术管理、设备设施管理、作业环境和条件管理等方面。

粮油仓储企业的安全生产管理因粮食物料的特殊性，管理行为更为复杂，应加强对人员的培训，特别是外包外聘人员，使他们充分认识粮食物料的安全生产事故的特殊性；应加强对机器换代、方法更新、环境监测和物料堆放等方面的管理，排除企业安全生产事故隐患，降低事故发生的概率。

1.1.3　安全生产事故隐患

安全生产事故隐患，是指生产经营单位违反安全生产法律、法规、规章、标准、规程和安全生产管理制度的规定，或者在生产经营活动中存在可能导致事故发生的物的危险状态、人的不安全行为和管理上的缺陷等，既表现为单项事故隐患，也表现为多项事故的复合事故隐患。事故隐患是引发安全生产事故的直接原因。它可以是一种状态，也可以是一种行为，还可以是一种缺陷。

安全生产事故隐患分为一般事故隐患和重大事故隐患。一般事故隐患，是指危害和整改难度较小，发现后能够立即整改排除的隐患。重大事故隐患，是指危害和整改难度较大，必须全部或者局部停产、停业，并经过一定时间的整改治理方能排除的隐患，或者受外部因素影响，生产经营单位自身难以排除的隐患，或一旦发生事故就会产生严重的人员伤害和巨大的经济损失的隐患。

1.1.4 危险源

1. 危险源的定义

危险源是指可能导致人身伤害和（或）健康损害的根源、状态或行为，或其组合（国家标准 GB/T 28001—2011《职业健康安全管理体系 要求》）。简而言之，就是事故发生的根源或源头，凡是有可能导致安全事故发生的各种因素都称为危险源。危险源可以分为根源危险源和状态危险源。

1）根源危险源，又称第一类危险源。这类危险源是直接引起人员伤害、财产损失或环境破坏的根本原因，是能量、能量的载体或危险物质的存在，是发生事故的物理本质。其中，能量包括动能、势能、热能、电能等；能量的载体，如行驶的汽车、运转的机床、高空的物体、高压容器等；危险物质，如易燃易爆、有毒有害、腐蚀性物质等。

2）状态危险源，又称第二类危险源。这类危险源处于受约束或受控状态，所储存的能量不会意外释放从而不会发生事故。但这些约束条件一旦遭到破坏或失效，将导致事故发生。因此，状态危险源决定根源危险源发生事故的可能性。状态危险源主要包括 3 个方面的因素：人的不安全行为；物的不安全状态；环境的不安全因素。

危险源和事故隐患之间既有内在联系，又是两个不同的概念。危险源属于自然常态，事故隐患属于不正常状态。

2. 危险源辨识的重要性

危险源辨识是为了最终能够排除危险源，降低事故的发生率。因此，辨识是开展安全生产检查和预防安全生产事故的重要工作，可有效地预防事故发生，减少财产损失、人员伤亡和伤害。危险源辨识是从工艺和技术带来的负效应出发，分析、论证和评估由此产生的损失和伤害的可能性、影响范围、严重程度及应采取的对策措施等。危险源辨识作为企业管理的重要组成部分，无论是从降低企业的经济损失、提高企业的生产效率，还是从提高企业的诚信度和全体员工的素质等方面考虑，都具有十分重要的意义。危险源辨识是安全生产管理的一个重要组成部分，有助于促使企业重视安全投入，有助于提高企业（项目）的安全管理水平。

3. 危险源辨识的方法

危险源辨识就是识别危险源并确定其特性的过程。危险源辨识主要是对危险源的识别，对其性质进行判断，对其可能造成的危害、影响进行提前预防，以确保生产的安全、稳定。辨识应有目的性和使用范围，应结合工作实际采用两种以上的方法。常用的几种辨识方法如下。

1）询问交谈。询问具有丰富工作经验的人员，与其深入交谈，初步分析该工作中所存在的危险源。

2）安全检查表法（safety checklist analysis，SCA）。以 SCA 对各个作业单元的物的不安全状态、环境的不安全因素及管理的缺陷进行辨识。

3）作业危害分析法（job hazard analysis，JHA）。按照作业步骤分解，逐一对作业过程中的人的不安全行为进行辨识。

4. 危险源辨识的组织实施

辨识危险源，一是要成立危险源识别领导小组，小组成员须包括专业技术人员、安检员和班组长；二是要对本单位粮食出仓作业的各个环节、涉及的不同地点和不同作业环境进行详细的分析和识别；三是要对分析识别的结果进行汇总和学习。

5. 危险源辨识的途径

辨识危险源，具体应从以下几个方面入手。

1）按工种进行危险源识别。粮油出仓作业过程中涉及的工种主要包括粮油保管员、装卸工和机械设备检修工等。在现场工作时，对遇到的危险源应及时进行登记汇总。

2）按工序进行危险源识别。按照作业程序可将粮食出仓作业分为出仓前准备、检查作业环境、机械设备移动与衔接、连接电源、检查机械、启动及运行、开始出仓、出仓过程中及出仓后清理九个环节。

3）在现场工作时，不仅要对静态危险源进行识别，而且要对动态危险源进行识别。静态危险源就是现场客观存在的、不随时间和客观条件的变化而变化的危险源。例如，机械设备维修保养不善，发生故障甚至漏电。动态危险源就是在现场生产时，由于客观条件不断变化而产生的危险源，如磷化铝等熏蒸剂的运输。

防止事故发生，首先是辨识或确认高危险性的设备设施和作业行为（即危险源）。其次，针对辨识和确认的危险源，制定设备安全运转的标准及人员的安全作业标准，通过这些标准，确定潜在危险源（即隐患）。

6. 粮油仓储企业的危险源识别

（1）不安全的环境

不安全的环境包括：粮油仓储企业固定经营场地距矿山、炼焦、炼油、煤气化工（包括有毒化合物的生产）、塑料、橡胶制品及加工、人造纤维、油漆、农药、化肥等排放有毒气体的生产单位不足1000m；粮油仓储企业固定经营场地距屠宰场、垃圾堆场、污水处理站等单位不足500m；粮油仓储企业固定经营场地距砖瓦厂、混凝土及石膏制品厂等粉尘污染源不足100m。

（2）不安全的储粮设施

不安全的储粮设施包括：危仓老库，如仓房地坪下沉、开裂，墙体倾斜、裂缝，仓顶严重漏雨，天沟雨水倒灌，地坪防潮性能差等；地势低洼、行洪泄洪区的仓房，如沿江、河、海的仓房，易发生库区内涝的仓房，大型水库行洪泄洪区的仓房等；山体滑坡及泥石流易发区的仓房；易发生火灾事故的露天堆及简易仓；居民集中区的仓房、被居民楼包围的仓房，易发生熏蒸放气居民中毒事故，居民燃放烟花容易发生火灾事故。

（3）不安全的作业场所

不安全的作业场所包括：正在进行化学药剂熏蒸或充氮气调的仓房；易燃、易爆化学药品的存放场所，如发电机柴油、烘干机燃料、熏蒸药剂、化验室试剂等存放场所；高压容器、设备场所，如高压锅炉、制氮机房储氮罐、自呼吸式空气压缩罐及充压泵房等；存在安全生产事故隐患的机械作业场所，如机修车间、烘干塔、立筒库及浅圆仓工作塔等，易发生粉尘爆炸、机械损伤等安全生产事故；存在安全生产事故隐患的粮食装卸、运输场所，如码头吊机作业场所、铁路专用线粮食运输及装卸作业场所。

（4）常见的不安全设备与设施

常见的不安全设备与设施包括：跑偏打滑的粮食输送机；没有安全防护装置的扒谷机；没有安装风口防护罩的通风机；“带病作业”的库内运输车辆；严重漏气的磷化氢发生器；老化的电线；失灵的电器；失效的灭火器；仓内的垂直爬梯。

（5）人的不安全行为

人的不安全行为包括：在库区抽烟，燃放烟花爆竹；熏蒸不戴防毒面具；低氧环境下使用滤毒罐式防毒面具；使用不安全的设备或工具；登高作业不戴安全帽、不系安全带；塑料密闭包装粮堆内熏蒸施药；人员在包装粮堆间跳跃；移动正在运转的输送设备；在输送设备上行走；带电操作，不戴防护用具。

（6）制度与管理上的缺陷

制度与管理上的缺陷包括：经费不足，设施设备配备不足；安全生产教育培训不到位；安全生产意识不强；管理不规范，缺乏检查或指导；缺失应急预案，处置能力不足。

7. 危险源的管理

企业应针对每一个危险源制定一套严格的安全管理制度，通过技术措施和组织措施，对危险源进行严格的控制和管理。技术措施包括维修及有计划的检查等；组织措施包括对人员的培训与指导，提供保障其安全的设备，以及对工作时间、职责的确定和现场安全的管理。

8. 危险源的防控

要做好危险源的防控，必须做好以下 3 个方面的工作。

（1）危险源的报告

在规定的期限内，将已辨识和评价的重大危险源向主管部门提交安全报告。

（2）事故应急救援预案

事故应急救援预案是重大危险源控制系统的重要组成部分。单位应负责制定现场事故应急救援预案，并且定期检验和评估现场事故应急救援预案和程序的有效程度，以及在必要时对预案进行修订。

（3）加强员工对危险源的辨识能力

通过强化危险源辨识提高员工的防范能力。印发危险源管理手册，汇集各个岗位、各个环节的危险源，以便员工随时随地学习。

对照岗位安全操作流程查找各类危险源。一方面，通过管理人员现场查找、发现危险源，组织人员立即整改，并不定期再次复查。对危险源辨识掌握不彻底的员工也是“危险源”，管理人员要现场对这类人员进行考核记录，并填写岗位危险源考核档案，以督促所有人员安全操作；另一方面，组织班组人员每个月进行危险源辨识，现场考核员工对危险源的掌握程度，在此基础上，为班组建立岗位危险源考核档案，以便每月分析总结，查找存在的隐患。

鼓励员工自找、自梳、自理危险源，并寻找解决办法，思考安全作业思路。

1.1.5　风险与风险评价

1. 风险与风险评价的定义

风险是指某一特定危险情况发生的可能性与后果的组合。风险评价是指评估风险大小及确定风险是否可接受的全过程。风险评价，又称安全评价，是指在风险识别和估计的基础上，综合考虑风险发生的概率、损失幅度及其他因素，得出系统发生风险的可能性及其程度，并与公认的安全标准进行比较，确定企业的风险等级，由此决定是否需要采取控制措施，以及控制到什么程度。

2. 安全（风险）评价方法

安全（风险）评价方法始于20世纪30年代，最早运用于保险业，20世纪60年代被美国军事工业采用，后很快受到欧美等国的重视，并发展成为可应用于多种行业的危险源辨识方法。20世纪70年代，化学工业迅猛发展，各种易燃易爆、有害有毒物质的存储数量和品种迅速增加，由于对新工艺和化学品的认识不足，事故频发，企业积极寻求控制和消除事故隐患、预防事故发生的方法，促进了国际安全评价法的开发、应用和提高。经过近50年的发展，国际上安全（风险）评价方法已经日臻完善，并在各行各业得到广泛应用。

20世纪80年代，中国为解决机械、冶金、化工及建筑领域的安全问题，从国外引入了安全管理体系。这4个领域和现在的粮食行业一样，曾经安全事故频发，但由于安全管理体系的引入及实施，状况大为改观。粮食行业，由于缺乏适合本行业的安全标准和措施，安全环境依旧恶劣，亟须引入安全评价体系和标准并在研究应用中进一步改进。

安全（风险）评价的方法有很多种，如SCA、故障类型和影响分析法（failure mode and effects analysis，FMEA）、危险与可操作性研究法（hazard and operability study，HAZOP）、事故树法（fault tree analysis，FTA）、作业条件危险性评价法[①]等。其中，SCA适用于简单定性评价规模大、复杂、危险性高的对象；故障类型和影响分析法适用于定性评价机械、电气系统；危险与可操作性研究法适用于在设计阶段的最后或者在现有设施做出变更时进行分析评价，排除危险源。以上前3种方法均为定性评价，后两种方法是定性定量评价方法。事故树法适用于对事故原因进行梳理和定性定量分析；作业条件危险性评价法适用于定性定量评价操作人员在危险环境中作业时各种危险源的危险性，并按照其危险程度进行分级。

粮油仓储企业需同时对多个危险源进行定量评价和分级，建议选用作业条件危险性评价法。

1.1.6 事故预警防范

事故预警防范是指对生产活动和安全管理进行监测与评价，警示生产过程中所面临的危害程度，并通过采取有针对性的有效措施防范事故的发生。事故预警

① 又称LEC法，即L（likelihood，事故发生的可能性）、E（exposure，人员暴露于危险环境中的频繁程度）、C（consequence，一旦发生事故可能造成的后果）。

防范是安全管理过程中的重要技术措施，应遵循“及时、全面、高效、客观”的原则，建立安全生产预警防范机制，有效辨识和提取事故信息，进行预测警报。

1.2　粮油仓储企业安全生产事故的相关术语与定义

1.2.1　安全生产事故的定义与分级

1. 安全生产事故的定义

安全生产事故是指生产经营单位在生产经营活动（包括与生产经营有关的活动）中突然发生的，造成人身伤亡或者直接经济损失的生产安全事件。随着仓房存粮高度的提高、筒式仓的广泛应用、简易仓的大量使用、机械化程度的提高，粮油仓储企业发生的安全生产事故不断增加。例如，磷化氢中毒和低氧窒息事故，粮食结拱、塌陷引发的事故，登高作业引发的坠落事故，罩棚仓包打围堆垛储粮安全生产事故等。

2. 安全生产事故的分级

《生产安全事故报告和调查处理条例》（2007 年 6 月 1 日实施）规定，根据生产安全事故（以下简称事故）造成的人员伤亡或者直接经济损失，事故一般分为 4 个等级。

1）特别重大事故，是指造成 30 人以上死亡，或者 100 人以上重伤（包括急性工业中毒，下同），或者 1 亿元以上直接经济损失的事故。

2）重大事故，是指造成 10 人以上 30 人以下死亡，或者 50 人以上 100 人以下重伤，或者 5000 万元以上 1 亿元以下直接经济损失的事故。

3）较大事故，是指造成 3 人以上 10 人以下死亡，或者 10 人以上 50 人以下重伤，或者 1000 万元以上 5000 万元以下直接经济损失的事故。

4）一般事故，是指造成 3 人以下死亡，或者 10 人以下重伤，或者 1000 万元以下直接经济损失的事故。

1.2.2　安全生产事故的分类

国家标准 GB 6441—1986《企业职工伤亡事故分类》将事故划分为物体打击、车辆伤害、机械伤害、起重伤害、触电、淹溺、灼烫、火灾、高处坠落、坍塌、冒顶片帮、透水、放炮、火药爆炸、瓦斯爆炸、锅炉爆炸、容器爆炸、其他爆炸、中毒和窒息、其他伤害 20 类。受伤性质分为 9 类：电伤、挫伤、割伤、擦伤、刺伤、撕脱伤、扭伤、倒塌压埋伤、冲击伤。

1.2.3 粮油仓储企业主要安全生产事故

粮油仓储企业的安全生产事故有其自身特点。根据事故的性质，基本可以将安全生产事故归纳为火灾事故、粉尘爆炸事故、有限空间伤亡事故、粮堆坍塌事故、熏蒸气体伤亡事故、电气事故、高处坠落事故、库区交通事故8类。

1. 火灾事故

火灾事故是指不当烘干作业、电器电路短路老化、熏蒸作业、焊接作业、仓房施工维修、遗留火种、外来火源、雷击、阴燃等引发的失去控制的燃烧所造成的灾害。

2. 粉尘爆炸事故

粉尘爆炸事故是指由于粉尘爆炸造成设施设备损坏、人员伤亡的事故。

3. 有限空间伤亡事故

有限空间伤亡事故是指由于作业人员进入封闭或者部分封闭的空间，与外界相对隔离，出入口较为狭窄，自然通风不良，作业人员在有毒有害、易燃易爆物质积聚或者氧气含量不足的空间作业，造成人员伤亡的事故。

4. 粮堆坍塌事故

粮堆坍塌事故是指储粮设施或粮堆在超过自身极限强度的外力和重力的作用下，结构稳定失衡塌落，造成人员滑入、跌落粮堆或被冲出、掉落的粮食掩埋，造成人员伤亡的事故。

5. 熏蒸气体伤亡事故

熏蒸气体伤亡事故是指在利用磷化铝等化学药剂释放磷化氢气体，对粮食进行熏蒸杀灭虫霉的过程中，引起的人员中毒、熏蒸失火、熏蒸毒气外泄等安全事故。

6. 电气事故

电气事故包括人身事故和设备事故。人身事故和设备事故都可能导致二次事故，而且二者很可能是同时发生的。电气事故是与电相关的事故。从能量的角度看，电能失去控制将造成电气事故。按照电能的形态，电气事故可分为触电事故、雷击事故、静电事故、电磁辐射事故和电气装置事故。

7. 高处坠落事故

高处坠落事故是作业人员在高处作业引起的安全事故。

8. 库区交通事故

库区交通事故是指在粮油仓储企业厂区内人和物的运输过程中所发生的人员伤亡和财产损伤事故。

1.3　粮油仓储企业安全生产事故的应急处置

1.3.1　事故应急处置的定义

事故应急处置是指从安全生产事故发生到事故危险状态消除期间，为抢救人员、保护财产和环境而采取的措施、行动。为提高应对安全生产事故的能力，应加强对突发性事故的应急救援工作，应当制定科学有效的事故应急处置预案，以便在突发重大、特大生产安全事故时，能够迅速有效地组织救援，最大限度地减少人员伤亡和经济损失。

1.3.2　粮油仓储企业的事故应急处置的内容与原则

根据国家标准 GB/T 33000—2016《企业安全生产标准化基本规范》，粮油出仓安全生产事故应急处置的重点工作及处置原则如下。

1）应急救援。企业发生事故后，应及时上报并立即启动相关应急预案，积极开展事故救援。

2）事故调查和处理。企业发生事故后，应按规定成立事故调查组，明确职责与权限，进行事故调查或配合上级部门的事故调查。

3）处置理念。处置突发事件应遵循生命至上、控制事态、减少损失 3 个理念。

4）应急处置工作原则。应急处置应严守逐级报告原则、统一指挥原则、优先保护群众原则、视情放弃和科学逃生原则及妥善处理善后原则。

1.3.3　事故报警电话

1）火灾：119。

2）交通事故：12122。

3）人员急救：120。

4）综合性事故：110。

1.3.4　报警注意事项

1）就近、快速报警。

2）报清情况（时间、地点、人员伤亡等）。

3）在报警地等候，保护现场。

4）立即组织营救受害人员。

5）迅速控制事态，并对事故造成的危害进行监测。

6）消除危害后果，做好现场恢复。

1.4 粮油仓储企业安全生产事故的报送机制

根据《中华人民共和国安全生产法》（以下简称《安全生产法》）、《生产安全事故报告和调查处理条例》（国务院令第 493 号）、《生产安全事故信息报告和处置办法》（国家安全生产监督管理总局令第 21 号）等有关法律、行政法规，粮油仓储企业在安全生产事故应急管理中负有上报安全生产事故的责任。《中华人民共和国突发事件应对法》（中华人民共和国主席令第六十九号）第三十九条第二款对粮油仓储企业信息报送的原则及要求做出了明确规定："有关单位和人员报送、报告突发事件信息，应当做到及时、客观、真实，不得迟报、谎报、瞒报、漏报。"信息是安全生产事故报送过程的要素，在安全生产事故应急管理过程中，粮油仓储企业必须加强自身的信息报送机制建设，明确信息的报送流程、报送内容及阶段、报送原则及要求。

1.4.1 粮油仓储企业安全生产事故的信息报送流程

1）粮油仓储企业发生安全生产事故后，事故现场有关人员应当立即报告本单位负责人。

2）单位负责人接到事故报告后，应当按事故应急预案迅速采取有效措施，组织抢救，防止事故扩大，尽量减少人员伤亡和财产损失；并按照《生产安全事故信息报告和处置办法》第二章第六条中关于事故信息报告的相关规定，在 1h 内报告事故发生地县级安全生产监督管理部门和属地粮食和物资储备局。

3）当安全生产事故造成 1 人以上死亡（含 1 人），或 3 人以上重伤，或 20 万元以上经济损失时，应当在参照 2）报告的同时，在 1h 内报送国家粮食和物资储备局。

1.4.2 安全生产事故信息报送的内容及阶段

1. 安全生产事故信息报送的内容

安全生产事故信息报送内容一般包括时间、地点、信息来源、事件起因和性质、基本过程、已造成的后果、影响范围、事件发展趋势、处置情况、采取的措施及下一步工作建议等。

《生产安全事故信息报告和处置办法》第二章第十条规定，报告事故信息，应当包括下列内容。

1）事故发生单位的名称、地址、性质、产能等基本情况。

2）事故发生的时间、地点及事故现场情况。

3）事故的简要经过（包括应急救援情况）。

4）事故已经造成或者可能造成的伤亡人数（包括下落不明、涉险的人数）和初步估计的直接经济损失。

5）已经采取的措施。

6）其他应当报告的情况。

使用电话快报，应当包括下列内容。

1）事故发生单位的名称、地址、性质。

2）事故发生的时间、地点。

3）事故已经造成或者可能造成的伤亡人数（包括下落不明、涉险的人数）。

2. 安全生产事故信息报送的阶段

安全生产事故信息报送的过程可以分为以下 3 个阶段。

1）初报。当安全生产事故发生时，要进行初次报送。

2）续报。如果安全生产事故演化、产生次生和衍生灾害或者应急处置取得新的进展，要及时续报。

3）终报。安全生产事故处置结束后，要进行总结报告。在不同的阶段，信息内容的侧重点也有所不同。

1.4.3 安全生产事故信息报送的原则及要求

1. 及时报送

安全生产事故的演进与发展瞬息万变。信息报送的迟延将影响应急救援资源的及时组合与有效配置，导致事态和局势进一步恶化。为了提高应急的快速响应能力，信息报送必须体现及时性的原则。为此，2006 年 1 月 8 日发布并实施的《国家突发公共事件总体应急预案》在运行机制部分对信息报告作了专门的规定：“特别重大或者重大突发公共事件发生后，各地区、各部门要立即报告，最迟不得超过 4h，同时通报有关地区和部门。应急处置过程中，要及时续报有关情况。”

其中特别强调了“立即报告”和“及时续报”。在突发事件的处置中，很多失败的案例是信息报送不及时导致的。信息迟滞的原因有多种，或是缺乏风险和危机意识，低估事态的严重程度；或是信息报送渠道不畅通，致使信息梗阻；或是害怕被问责、徘徊不定；等等。例如，2011 年 9 月 13 日江苏中储粮收储经销有限公司下属的金湖粮库发生的熏蒸事故，就是一起上报不及时、在事故发生后又造成多人死亡的事件。

2. 准确报送

准确性就是要求信息报送必须按照实事求是的方针，既不缩小也不放大，客观地反映突发事件的实际情况。在应急管理中，准确的信息报送才有价值。首先，突发事件处于潜伏时期，如果决策者能够获得准确的信息，便有可能做出准确的判断，并及时采取有效的措施进行预控。其次，突发事件发生后，准确的信息是应急管理部门进行决策与处置的客观依据。最后，突发事件平息后，准确的信息有利于应急管理部门认真总结经验、教训，为重建奠定坚实的基础。

为了保证信息报送的准确性，信息来源必须实现多元化。人们可以对来自不同渠道的信息进行比较。如果差异很大，则需要进一步核实信息。

3. 持续报送

赫伯特·西蒙在“有限理性论”中认为，信息的不完备是制约决策的一个重要因素。在现实决策中，人们往往难以获得完备的信息，在紧急状态下进行决策更是如此。持续的信息报送可以使应急决策部门掌控的信息更加全面和真实。突发事件和安全生产事故的性质、原因等要素往往在初始阶段暴露得不够充分，甚至出现一些假象。只有不断地进行续报，形成信息链，事件和事故的事态才有可能越来越清晰。此外，丰富的安全生产事故信息综合在一起还会产生“整体涌现效应”，使应急预警和救援的效果更好。

1.5 粮油仓储企业安全生产的岗位职责和责任追究

安全生产责任追究是指因安全生产责任者未履行安全生产有关的法定责任，根据其行为的性质和后果的严重性，追究其行政、民事或者刑事责任的一种制度。

在 2013 年 7 月 18 日中央政治局第 28 次常委会上，习近平在听取了国家安全生产监督管理总局的汇报后，严肃并明确指出：“各级党委和政府要增强责任意识。落实安全生产责任制，要落实行业主管部门直接监管、安全监管部门综合监管、地方政府属地监管，坚持管行业必须管安全，管业务必须管安全，管生产必须管安全，而且要党政同责、一岗双责、齐抓共管。”①

① 2013 年 7 月 18 日习近平总书记在中央政治局第 28 次常委会议上有关安全生产的重要讲话[EB/OL]. http://www.czsafety.gov.cn/article/showarticle.asp?articleid=580. [2018-11-12].

1.5.1　安全生产工作的总要求

安全生产工作总要求：一是以人为本，坚持安全发展；二是坚持安全第一、预防为主、综合治理的方针；三是强化和落实生产经营单位的主体责任；四是建立生产经营单位负责、职工参与、政府监管、行业自律和社会监督的机制。

1.5.2　粮油仓储企业的主体责任

粮油仓储企业的主体责任，是指企业遵守有关安全生产法律法规的规定，加强安全生产管理，建立、健全安全生产责任制和安全生产规章制度，改善安全生产条件，推进安全生产标准化建设，提高安全生产水平，执行国家、行业标准，确保安全生产，以及事故报告、救援和善后赔偿的责任。

1.5.3　粮油仓储企业安全生产的责任体系

粮油仓储企业建立安全生产责任体系必须落实"党政同责"，董事长、党组书记、总经理对本企业安全生产工作共同承担领导责任；必须落实安全生产"一岗双责"，所有领导班子成员对分管范围内的安全生产工作承担相应职责；必须落实安全生产组织领导机构，成立安全生产委员会，由董事长或总经理担任主任；必须落实安全管理力量，依法设置安全生产管理机构，配齐配强专业安全管理人员；必须落实安全生产报告制度，定期向董事会、业绩考核部门报告安全生产情况，并向社会公示；必须做到安全责任到位、安全投入到位、安全培训到位、安全管理到位、应急救援到位。

企业全员安全生产责任制是由企业根据安全生产法律法规和相关标准，在生产经营活动中，根据企业岗位的性质、特点和具体工作内容，明确所有层级、各类岗位从业人员的安全生产责任，通过加强教育培训、强化管理考核和严格奖惩等方式，建立起安全生产工作"层层负责、人人有责、各负其责"的工作体系。

把全面加强企业全员安全生产责任制工作作为推动企业落实安全生产主体责任的重要抓手，减少企业"三违"现象（违章指挥、违章作业、违反劳动纪律），避免因人的不安全行为造成的生产安全事故，对解决企业安全生产责任传导不力问题、维护广大从业人员的生命安全和职业健康具有重要意义。

粮油仓储企业主要负责人负责建立、健全明确的企业安全生产责任制；按照《安全生产法》、《中华人民共和国职业病防治法》（以下简称《职业病防治法》）等法律法规制定完善的企业安全生产规章制度和操作规程；组织制订并实施企业安全生产教育和培训计划；按标准配齐、按期限更换安全生产设施和装备，保证企业安全生产各项资金的投入；组织开展企业安全生产检查，督促各项安全生产规章制度的落实，保证各项设施装备的完好，及时消除生产安全事故隐患；组织制定并实施企业生产安全事故应急救援预案，每年至少开展两次安全生产应急救援演练；按规定及时、如实地报告生产安全事故。

粮油仓储企业管理人员负责参与拟订企业安全生产规章制度、操作规程和应急救援预案；落实企业安全生产教育和培训、应急救援演练等工作，如实记录安全生产教育和培训情况；督促落实企业重大危险源的安全管理措施；检查企业安全生产状况，发现并及时排查事故隐患，提出改进安全生产管理的建议；制止和纠正违章指挥、强令冒险作业、违反操作规程的行为；督促落实企业安全生产整改措施。

粮油仓储企业作业人员严格遵守企业各项安全生产规章制度，严格按照有关操作规程作业，自觉接受监督、服从管理，正确佩戴和使用劳动防护用品；接受安全生产教育和培训，掌握本岗位所需的安全生产知识，不断提升安全生产技能，增强事故预防和应急处理能力；发现事故隐患或者其他不安全因素时，应当立即向现场安全生产管理人员和企业负责人报告；发现直接危及人身安全的紧急情况时，应停止作业或在采取可能的应急措施后，撤离作业场所；发现企业安全生产工作中存在问题时，应及时提出批评建议，对拒不接受的可直接向上级单位或当地粮食行政管理部门举报，并拒绝违章指挥和强令冒险作业。

1.5.4　企业主体责任的主要内容

落实安全生产责任制，明确其主要内容，并建立安全生产责任落实情况监督考核机制；加大安全生产投入的保障力度，按规定提取和使用安全生产费用，按规定存储安全生产风险抵押金；依法为从业人员缴纳工伤保险费，积极投保安全生产责任险；加强安全生产管理专业技术队伍建设，提高安全生产管理专业水平，依法设置安全生产管理机构，配备安全生产管理人员；切实做好安全生产教育和培训，建立安全生产教育和培训档案，如实记录安全生产教育和培训的时间、内容、参加人员及考核结果等情况；建立事故隐患排查治理制度，防患于未然；定期开展安全生产检查，依法对重大危险源实施监控；落实安全生产管理机构和安全生产管理人员的职责；具备法律法规和国家标准、行业标准规定的安全生产条件；建立安全生产各项规章制度、操作规程；依法为从业人员提供劳动防护用品，并指导、监督其正确佩戴和使用；依法履行建设项目的安全设施与主体工程同时设计、同时施工、同时投入生产和使用的规定；统一协调管理承包、承租单位的安全生产工作；依法报告生产安全事故，及时开展事故抢险救援，妥善处理事故善后工作；负责作业场所职业危害的预防和职业病的防治工作；法律、法规规定的其他安全生产责任。

1.5.5　主要负责人的安全职责

生产经营单位的主要负责人对本单位的安全生产工作全面负责。依据《安全生产法》第十八条，生产经营单位的主要负责人对本单位安全生产工作负有下列职责：建立、健全本单位安全生产责任制；组织制定本单位安全生产规章制度和操作规程；组织制定并实施本单位安全生产教育和培训计划；保证本单位安全生产投入的有效实施；督促、检查本单位的安全生产工作，及时消除生产安全事故隐患；组织制定并实施本单位的生产安全事故应急救援预案；及时、如实报告生产安全事故。

1.5.6　企业安全生产安全员的安全职责

企业安全生产安全员的安全职责：组织或者参与拟订本单位安全生产规章制度、操作规程和生产安全事故应急救援预案；组织或者参与本单位安全生产教育和培训，如实记录安全生产教育和培训情况；督促落实本单位重大危险源的安全管理措施；组织或者参与本单位应急救援演练；检查本单位的安全生产状况，及时排查生产安全事故隐患，提出改进安全生产管理的建议；制止和纠正违章指挥、强令冒险作业、违反操作规程的行为；督促落实本单位安全生产整改措施。

1.5.7　企业其他职能管理部门的安全职责

企业其他职能管理部门的安全职责：负责本部门职责范围内的安全生产工作；负责本部门职责范围内的教育培训工作；负责本部门作业设备、设施、用具的安全作业，落实企业的安全生产规章制度、相关操作规程等；负责本部门作业人员的上岗资格审查及专业技能培养；对安全生产管理部门检查发现的安全生产隐患进行整改，按时逐项予以整改、落实；每月至少开展一次全面安全检查，发现存在安全隐患的立即进行整改，并做好相应记录。

1.5.8　企业职工的安全职责

企业职工应加强对安全生产知识的学习，具备必要的安全生产知识，熟悉有关安全生产规章制度和安全操作规程，提高安全意识和自我保护意识。严格遵守安全生产相关法规及各项规章制度，服从领导，听从指挥，坚守岗位，不违章作业，正确使用安全防护及劳动保护用品，对本岗位的安全负有直接责任。掌握本岗位的安全操作技能，严格执行仓储工艺流程和操作规程，交接班时必须交接安全情况。知悉自身在安全生产方面的权利和义务，认真检查作业环境是否安全，发现隐患后，应立即排除或报请领导解决。了解事故应急处理措施，正确使用安全防护用品和灭火器材，发生事故时要妥善处理，及时上报，保护好现场。爱护本岗位的生产设备、安全设施，禁止使用或启动不熟悉的设备、工具等。特种作业人员必须取得相应资格，方可上岗作业。有权拒绝违章作业指令，对他人违章作业加以劝阻和制止，积极提出有关安全生产的合理化建议。

1.5.9　临时工负责人的安全职责

临时工负责人为外包作业人员安全的第一责任人，必须持有企业法人营业执照。严格执行安全生产法规，遵守粮油仓储企业安全生产规章制度、安全操作规程，掌握事故防范措施和事故应急处理预案等。负责组织劳务人员的安全教育和技能培训，并接受用人单位进行的现场操作考核，考核合格者才能上岗。负责提供符合国家规定的劳动安全条件和劳动防护用品。负责对劳务人员的安全生产行为进行监督检查，对违章行为进行制止和纠正，并按规定处理。

1.6　安全生产的 3 种法律责任

安全生产涉及的法律责任分为刑事责任、行政责任和民事责任 3 种。

1.6.1　刑事责任

1.《中华人民共和国刑法》关于事故犯罪的总体情况

《中华人民共和国刑法》关于事故犯罪的规定，集中在分则第二章“危害公共安全罪”中，共 11 个条文、12 个罪名。粮食行业主要涉及的罪名有重大责任事故罪（第一百三十四条第一款），强令违章冒险作业罪（第一百三十四条第二款），重大劳动安全事故罪（第一百三十五条），不报、谎报安全事故罪（第一百三十九条之一），危险物品肇事罪（第一百三十六条），工程重大安全事故罪（第一百三十七条），消防责任事故罪（第一百三十九条）。

2. 事故犯罪的基本构成

1）犯罪主体。自然人，具体包括对生产、作业负有组织、指挥或者管理职责的负责人、管理人员、实际控制人、投资人等，以及直接从事生产、作业的人员。

2）过失犯罪。过失，是指对危害结果的发生存在过失。

3）立案标准。死亡 1 人，或重伤 3 人，或直接损失 50 万元。

3. 粮食行业涉及的其他犯罪

粮食行业涉及的其他犯罪主要包括：生产、销售不符合安全标准的产品罪（第一百四十六条）；非法经营罪（第二百二十五条）；提供虚假证明文件罪（第二百二十九条第一款、第二款）；出具证明文件重大失实罪（第二百二十九条第三款）；滥用职权罪（第三百九十七条）；玩忽职守罪（第三百九十七条）；徇私舞弊不移交刑事案件罪（第四百零二条）。

1.6.2　行政责任

行政责任是指因违反行政法或行政法规而应承担的法律责任。

1. 行政处罚

《安全生产法》《生产安全事故报告和调查处理条例》均规定对事故实行“双罚制”，即对事故责任人员、事故发生单位均设定了经济处罚条款。

例如，《安全生产法》第九十一条第一款和第二款的规定如下。

生产经营单位的主要负责人未履行本法规定的安全生产管理职责的，责令限期改正；逾期未改正的，处 2 万元以上 5 万元以下的罚款，责令生产经营单位停产停业整顿。

生产经营单位的主要负责人有前款违法行为，导致发生生产安全事故的，给予撤职处分；构成犯罪的，依照刑法有关规定追究刑事责任。

《生产安全事故报告和调查处理条例》的相关规定如下。

第三十六条　事故发生单位及其有关人员有下列行为之一的，对事故发生单位处 100 万元以上 500 万元以下的罚款；对主要负责人、直接负责的主管人员和其他直接责任人员处上一年年收入 60%至 100%的罚款；属于国家工作人员的，并依法给予处分；构成违反治安管理行为的，由公安机关依法给予治安管理处罚；构成犯罪的，依法追究刑事责任：

（一）谎报或者瞒报事故的；

（二）伪造或者故意破坏事故现场的；

（三）转移、隐匿资金、财产，或者销毁有关证据、资料的；

（四）拒绝接受调查或者拒绝提供有关情况和资料的；

（五）在事故调查中作伪证或者指使他人作伪证的；

（六）事故发生后逃匿的。

第三十七条　事故发生单位对事故发生负有责任的，依照下列规定处以罚款：

（一）发生一般事故的，处 10 万元以上 20 万元以下的罚款；

（二）发生较大事故的，处 20 万元以上 50 万元以下的罚款；

（三）发生重大事故的，处 50 万元以上 200 万元以下的罚款；

（四）发生特别重大事故的，处 200 万元以上 500 万元以下的罚款。

第三十八条　事故发生单位主要负责人未依法履行安全生产管理职责，导致事故发生的，依照下列规定处以罚款；属于国家工作人员的，并依法给予处分；构成犯罪的，依法追究刑事责任：

（一）发生一般事故的，处上一年年收入30%的罚款；

（二）发生较大事故的，处上一年年收入40%的罚款；

（三）发生重大事故的，处上一年年收入60%的罚款；

（四）发生特别重大事故的，处上一年年收入80%的罚款。

2. 行政处罚的种类

根据《中华人民共和国行政处罚法》和相关法律、法规的规定，中国的行政处罚可以分为人身罚（行政拘留），行为罚（责令停产、停业，暂扣或吊销许可证和营业执照），财产罚（罚款和没收违法所得、没收非法财物），申诫罚（警告）。

3. 对事故发生单位的罚款规定

《安全生产法》第一百零九条规定，发生生产安全事故，对负有责任的生产经营单位除要求其依法承担相应的赔偿责任外，由安全生产监督管理部门依照下列规定处以罚款：发生一般事故的，处20万元以上50万元以下的罚款；发生较大事故的，处50万元以上100万元以下的罚款；发生重大事故的，处100万元以上500万元以下的罚款；发生特别重大事故的，处500万元以上1000万元以下的罚款；情节特别严重的，处1000万元以上2000万元以下的罚款。

4. 对事故发生单位主要负责人的处罚规定

《安全生产法》第九十二条规定，生产经营单位的主要负责人未履行安全生产法规定的安全生产管理职责，导致发生生产安全事故的，由安全生产监督管理部门依照下列规定处以罚款：发生一般事故的，处上一年年收入30%的罚款；发生较大事故的，处上一年年收入40%的罚款；发生重大事故的，处上一年年收入60%的罚款；发生特别重大事故的，处上一年年收入80%的罚款。

5. 纪律处分

安全生产领域违规违纪给予纪律处分的主要依据：《安全生产领域违纪行为适用〈中国共产党纪律处分条例〉若干问题的解释》（中共中央纪律检查委员会，2007年）；《关于实行党政领导干部问责的暂行规定》（中共中央办公室、国务院办公厅，2009年）；《安全生产监管监察职责和行政执法责任追究的暂行规定》（国家安全生产监督管理总局令第24号，2009年）；《中国共产党纪律处分条例》中，对党员的纪律处分包括警告、严重警告、撤销党内职务、留党察看、开除党籍5种；

《关于实行党政领导干部问责的暂行规定》中，将党政领导干部实行问责的方式分为责令公开道歉、停职检查、引咎辞职、责令辞职、免职 5 种。

6. 行政处分

安全生产领域违规违纪给予行政处分的主要依据:《国务院关于特大安全事故行政责任追究的规定》（国务院令第 302 号，2001 年）;《安全生产领域违法违纪行为政纪处分暂行规定》（监察部、国家安全生产监督管理总局令第 11 号，2006 年）；根据《中华人民共和国公务员法》第五十六条，对公务员的处分分为警告、记过、记大过、降级、撤职、开除 6 种。

7. 禁入限制

《安全生产法》第九十一条第三款规定：生产经营单位的主要负责人依法受到刑事处罚或者撤职处分的，自刑罚执行完毕或者受处分之日起，5 年内不得担任任何生产经营单位的主要负责人；对重大、特别重大生产安全事故负有责任的，终身不得担任本行业生产经营单位的主要负责人。

1.6.3　民事责任

民事责任是指行为人违反民事法律、违约或者民法规定所应承担的一种法律责任。民事责任主要表现为财产责任，是一种救济责任，用于救济当事人的权利，赔偿或补偿当事人的损失。多数可通过当事人协商解决。民事责任大体可分为违约民事责任和侵权民事责任两大类。

1. 民事责任的法律规定

《安全生产法》第一百一十一条规定，生产经营单位发生生产安全事故造成人员伤亡、他人财产损失的，应当依法承担赔偿责任；拒不承担或者其负责人逃匿的，由人民法院依法强制执行。

《职业病防治法》第五十九条规定，劳动者被诊断患有职业病，但用人单位没有依法参加工伤保险的，其医疗和生活保障由该用人单位承担。

《中华人民共和国劳动合同法》第八十八条规定，用人单位有下列情形之一的，依法给予行政处罚；构成犯罪的，依法追究刑事责任；给劳动者造成损害的，应当承担赔偿责任：

（一）以暴力、威胁或者非法限制人身自由的手段强迫劳动的；
（二）违章指挥或者强令冒险作业危及劳动者人身安全的；
（三）侮辱、体罚、殴打、非法搜查或者拘禁劳动者的；
（四）劳动条件恶劣、环境污染严重，给劳动者身心健康造成严重损害的。

《工伤保险条例》（国务院令第 375 号）第六十六条规定，无营业执照或者未经依法登记、备案的单位以及被依法吊销营业执照或者撤销登记、备案的单位的职工受到事故伤害或者患职业病的，由该单位向伤残职工或者死亡职工的近亲属给予一次性赔偿，赔偿标准不得低于本条例规定的工伤保险待遇；用人单位不得使用童工，用人单位使用童工造成童工伤残、死亡的，由该单位向童工或者童工的近亲属给予一次性赔偿，赔偿标准不得低于本条例规定的工伤保险待遇。具体办法由国务院社会保险行政部门规定。

前款规定的伤残职工或者死亡职工的近亲属就赔偿数额与单位发生争议的，以及前款规定的童工或者童工的近亲属就赔偿数额与单位发生争议的，按照处理劳动争议的有关规定处理。

《非法用工单位伤亡人员一次性赔偿办法》（人力资源和社会保障部令第 9 号）第七条规定，单位拒不支付一次性赔偿的，伤残职工或者死亡职工的近亲属、伤残童工或者死亡童工的近亲属可以向人力资源和社会保障行政部门举报。经查证属实的，人力资源和社会保障行政部门应当责令该单位限期改正。

《最高人民法院关于审理人身损害赔偿案件适用法律若干问题的解释》（法释〔2003〕20 号）中的相关规定。

2. 正确处理几种民事责任

1）与社会保险的关系：工伤保险待遇不能替代用人单位对从业人员的赔偿。

2）与被雇用者的关系：由雇主承担。事故由第三人造成的，雇主赔偿后，可以向第三人追偿。

3）与非法用工的关系：适用于执行一次性赔偿金支付标准（《非法用工单位伤亡人员一次性赔偿办法》第五条、第六条）。

4）与非法雇主的关系：发包人、分包人知道或者应当知道接受发包或者分包业务的雇主没有相应资质或者安全生产条件的，应当与雇主承担连带赔偿责任。

本 章 小 结

本章详细介绍了粮油仓储企业安全生产的相关术语与定义、粮油仓储企业安全生产事故的相关术语与定义、粮油仓储企业安全生产事故的应急处置、粮油仓储企业安全生产事故的相关报送机制、粮油仓储企业安全生产的岗位职责和责任追究及安全生产的 3 种法律责任。

第 2 章　储粮作业的危险源识别基础

2.1　储粮作业的危险源识别环节

储粮作业的安全生产危险源主要从人员、机械设备、操作方法和作业环境等几个方面进行检查识别，如图 2.1 所示。

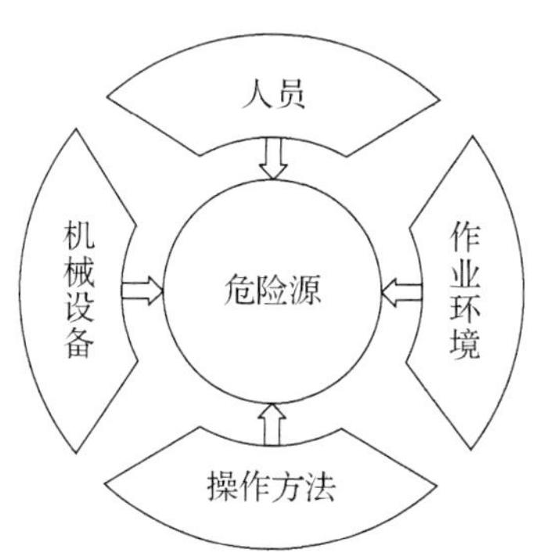

图 2.1　储粮作业的危险易发环节

2.1.1　人员环节要求

在粮食进出仓储存作业期间识别人员方面是否存在危险源，主要做好以下检查工作。

1）岗前培训。检查作业人员是否接受了岗前培训，检查作业人员是否具有相关的安全知识和安全意识。

2）上岗资格。检查作业人员是否具备上岗资格、是否属于无证上岗，尤其是对一些如机械设备维修等特殊作业、特殊工种的从业人员要重点检查。

3）检查“三违”。检查生产作业过程中是否存在“违章指挥、违规操作、违反劳动纪律”的“三违”现象。

4）相关方人员管理。检查对相关方人员的管理，包括是否签订了安全协议、是否进行了安全教育。

5）劳动防护。检查作业人员是否穿戴了安全有效的劳动防护用品，检查劳动防护用品是否完好和有效。

6）健康状况。检查作业人员的健康状况，包括人员的体力、视力和听力等；检查作业人员是否存在超负荷工作现象。

7）心理状况。对作业人员的心理状况进行检查，包括是否存在情绪异常、是否存在冒险心理、是否有过度紧张的情况等。

2.1.2　机械设备环节要求

在粮食进出仓储存作业过程中，机械设备本身就是危险源。为此，在机械设备的使用前和使用过程中应注重做好以下检查工作。

1）强度、刚度与稳定性。在机械设备使用前，要检查机械设备主要部件的强度、刚度，检查机械设备整体的稳定性。

2）设计与保养。在机械设备使用前，检查机械设备有无正规设计、设计是否合理、是否存在设备老化等问题。

3）机械设备是否带病作业。在机械设备使用过程中，检查机械设备是否带病作业。

4）安全防护。在机械设备使用前和使用过程中，检查机械设备的安全防护措施是否存在缺陷，如机械设备有无防护装置和措施、防护装置和措施是否存在缺陷、机械设备是否支撑不当、安全防护是否距离不够等。

5）安全用电。在机械设备使用前和使用过程中，检查用电安全隐患，如机械设备的带电部位是否裸露、是否漏电等，设备检修后是否及时恢复接地线（图 2.2）。

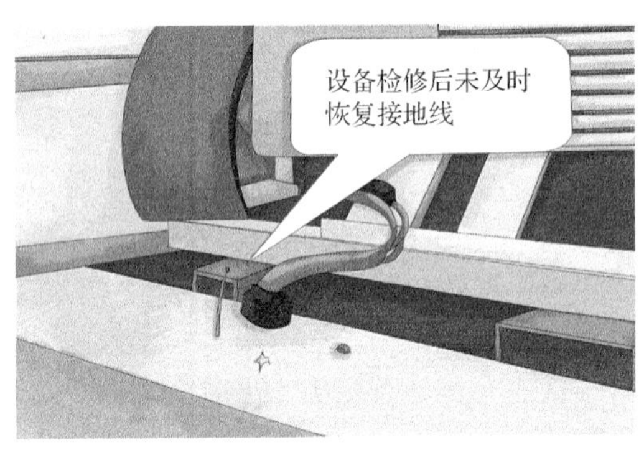

图 2.2　设备检修后未及时恢复接地线

6）规范操作。在粮食进出仓储存作业过程中，检查是否存在违规操作、违章操作等现象。

7）现场管理。在粮食进出仓储存作业现场检查是否组织有序，检查运输车辆是否存在火灾等事故隐患。

2.1.3　操作方法环节要求

在实施粮食进出仓储存作业时，不恰当的操作方法同样会引发事故或埋下事故隐患。

1. 作业方式方法

实施储粮作业前，首先要制订作业方案，根据不同的仓型和操作规范，选择合理的作业方式和方法。

2. 仓房及粮食堆垛

实施垛存粮或围包散存粮进出仓储存作业前，要注意检查堆码作业的方式方法是否合理，堆垛是否牢固、有无倾斜倒塌危险，如图 2.3 所示；实施平房仓散粮储存作业前，应注意检查仓房隔墙的设计是否规范、能否承重，粮食作业时是否会发生隔墙倒塌等事故。

图 2.3　存在倒塌危险的堆垛

3. 设备移动

在粮食进出仓储存作业过程中，如果需要移动机械设备，则要注意检查机械设备有无发生倾斜、侧翻或坍塌等事故的可能。如果有，则必须采取妥善的处置措施并在确保安全后方可移动。

2.1.4　作业环境环节要求

作业环境对生产安全的影响十分突出。良好的作业环境可以在促进生产安全的同时提高生产效率，恶劣的环境会显著降低生产作业效率，同时极易引发生产安全事故。

1）作业环境。实施进出粮储存作业前，必须考虑风、雨、雪、雷等带来的不利影响。

2）高温天气。实施进出粮储存作业前，要考虑是否属于高温作业，应采取相应的防范措施以避免高温环境条件下出现人身伤亡或财产损失等事故，如图 2.4 所示。

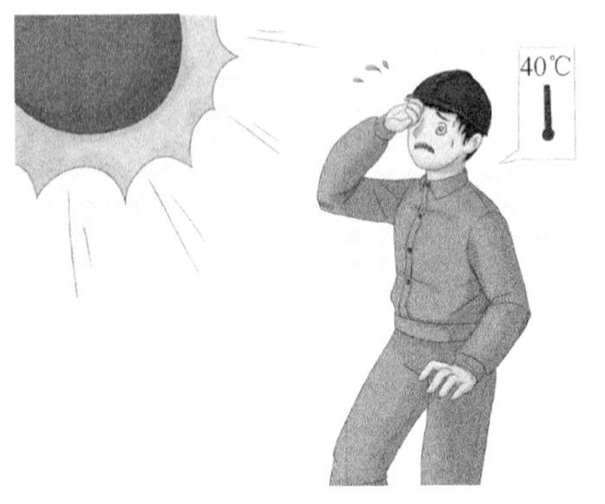

图 2.4　高温中暑

3）作业现场。应加强对作业现场的检查，检查是否存在火灾、伤人等隐患，如电闸箱等器材摆放混乱，以及容易使人滑倒摔伤的粮粒、冰雪、雨水等，如图 2.5 所示。

4）现场周围环境。应对现场周围环境进行检查，查看有无交叉作业及必要的安全防护措施。

5）平面布局。检查作业现场的平面布局，查看安全距离、防护距离是否合理，是否符合有关要求，包括机械防护安全距离、人体与带电导体间的安全距离等。

图 2.6 所示为一个筒仓出粮的现场，从中可以看到：一是地面上散落着粮粒，容易使人滑倒摔伤；二是电源线未按规定采取防护措施，容易被过往车辆碾压损坏，导致漏电。

图 2.5　滑倒

图 2.6　管理混乱的作业现场

2.2　储粮作业的危险源类别

总体来说，储粮作业的危险源可分为以下两大类。

第一类危险源，有发生安全生产事故可能性的危险物质、设备、装置或场所，是系统发生事故的内因。

第二类危险源，因约束、限制第一类危险源的措施失效或被破坏而有可能发生安全生产事故的各种不安全因素。因此，对储粮作业的危险源主要从人的因素角度进行识别。人的不安全行为是人失误的主要组成部分，主要表现如下。

1）未经许可进行操作，忽视安全与警告。

2）冒险作业或高速操作。

3）人为地使安全装置失效。

4）使用不安全设备，用手代替工具进行操作或违章作业。

5）不安全的装载（图 2.7），堆放、组合物体。

6）采取不安全的作业姿势或方位。

7）在有危险的运转设备装置或移动的设备上进行作业。

8）不停机，边工作边检修。

9）注意力分散，如嬉闹、恐吓等。

10）不按规程的操作和检修等。

图 2.7　不安全装载

本 章 小 结

事故是在一定的外部刺激条件下产生的人们不期望的后果，隐患是各种危险源在失去内部控制的情况下，超出了设定的安全界限（超出了可接受程度）。所以，要从根本上防止各类事故的发生，消除各类事故隐患，并一旦发生事故，能将事故危害降到最低程度，就必须做好危险源的识别工作。

第二篇

粮油仓储企业
入仓、储存、出仓环节的安全生产技术

第 3 章　粮油入仓安全生产

3.1　粮油入仓安全生产危险源的识别

3.1.1　维修和清理仓房作业危险源的识别

1. 高处作业

高处作业又称登高作业，是指凡在坠落高度基准面 2m 以上（含 2m）有可能坠落的高处进行的作业。维修和清理仓房时，人员会进行高处作业。

2. 灰尘和粉尘

维修和清理仓房过程中会产生灰尘和粉尘。灰尘和粉尘是指悬浮在空气中的微粒。一般而言，灰尘颗粒的粒径小于 500μm，而粉尘粒径小于 75μm。灰尘和生产性粉尘是人类健康的大敌，可损害机体呼吸系统。灰尘和生产性粉尘在一定的条件下会发生粉尘爆炸，给企业造成巨大损失。

3.1.2　空仓杀虫作业危险源的识别

1. 不符合要求的空仓杀虫剂

国家标准 GB/T 29890—2013《粮油储藏技术规范》规定了空仓和器材杀虫药剂的种类，凡不在规定之内的药剂，均属于不符合要求的空仓杀虫剂，严禁在粮油仓库中使用。

2. 不规范施用空仓杀虫剂

超剂量施用或不正确操作等不规范施用空仓杀虫剂的行为，可能会对人员造成身体伤害。

3.1.3　扦取样品作业危险源的识别

1）高处作业。作业人员在运粮车上扦取粮食样品时属于高处作业，应按相关规定操作。

2）车辆交通。运粮车在移动过程中，可能出现意外碰撞人员的情况。

3）输送设备上的粮食扦样。在各种运行中的输送设备上扦取粮食样品，输送设备的运转器件可能会对人体造成伤害。

3.1.4　计量称重作业危险源的识别

1）电子汽车衡秤台。作业人员在电子汽车衡秤台上不规范作业，可能会损坏设备。

2）称重作业的车辆。称重作业的车辆违反称重作业规定的，可能会损坏设备。

3）车辆交通。运粮车上、下称重衡的移动过程，可能会出现意外碰撞人员的情况。

3.1.5　清理杂质和运送粮食作业危险源的识别

1）机械伤害。各种清理和运送粮食的设备的动力传输装置和运转机构可能会对人体造成伤害。

2）粉尘。清理和运送粮食的设备在运行中会产生较高浓度的粉尘，损害人体健康。

3.1.6　粮食烘干作业危险源的识别

1）机械伤害。粮食烘干作业的设备动力传输和运转机构可能会对人员造成伤害。

2）烘干塔高处作业。作业人员在烘干塔上进行操作或维修属于高处作业，防护不当可能引发人员坠落事故。

3）烘干机火灾。烘干前，仓内粮食清理不彻底，混有玉米芯、秸秆、麻袋绳、化纤绳等易燃物，既影响烘干效果，又可能引发火灾。

烘干机储粮段若发生排粮板或叶轮运转不正常，造成粮食流动不畅，堵塞处的粮食被过度烘干可能会引起火灾；烘干机储粮段的干燥温度不均匀，局部粮温过高，热量集聚可能引起火灾。

烘干后，仓内粮食温度过高或仓边放置易燃易爆物品或电路老化短路，会引起火灾。

4）热风炉火灾。热风炉存在明火，稍有不慎即可引发火灾。

3.1.7　粮食入仓作业危险源的识别

1. 带式输送机的操作

作业人员不按操作规程使用移动带式输送机，可能会引发触电、倾倒等事故。

作业人员不按操作规程使用带式输送机，可能会造成动力传输装置和运转机构对人体的伤害、从机身高处跌落等事故。

2. 斗式提升机的操作

作业人员不按操作规程使用、维修斗式提升机，可能会造成人身伤亡事故；在维修中，作业人员违规用火用电，可能会引起火灾和粉尘爆炸。

3. 结构不坚固的仓房进粮操作

作业人员在结构不坚固或受损的仓房与包装仓直接存放散粮，装粮后容易造成仓房倒塌事故。

4. 挡粮门（板）意外失效

未经正规设计或设计不合理的挡粮门（板），在仓内粮食的侧压力作用下可能造成挡粮门（板）鼓胀变形、脱槽滑出、固定装置失效等现象，进而造成挡粮门（板）崩裂、崩塌，发生粮堆埋人事故。

5. 堆放不合理的粮食的倒塌

散装原粮粮堆超过设计高度和超出设计仓容装粮，浅圆仓和立筒仓群的整体不均匀装粮，如一部分仓装满粮，另一部分仓未装粮，产生结构风险。房式仓一侧装粮，但隔离墙强度不够，发生墙体倒塌。

围包散存堆垛不牢固，可能造成挡粮墙开裂、堆垛坍塌等事故。

包装粮堆码违反规范，超出设计高度、超出设计仓容装粮，包装粮堆垛不牢固，可能造成堆垛开裂、堆垛坍塌等事故。

6. 灰尘和粉尘危害

粮食入仓时，灰尘和粉尘大，可能造成呼吸道受损或引发粉尘爆炸事故。

3.1.8　平整粮面作业危险源的识别

1）灰尘与粉尘危害。粮油入仓时，灰尘和粉尘大，可能造成呼吸道受损或发生粉尘爆炸事故。

2）粮堆埋人。入粮作业结束后，对于较高的锥形粮堆，在开展平整粮面作业时，应预防人员被流动粮食掩埋。

3）高处作业。挡粮板和仓门之间的空间若无护栏或盖板，入仓作业时可能会引发人员跌落事故。

3.1.9　通风均温作业危险源的识别

风机连接电源的电缆、电气设施用电安全，风机进风口维护安全，风机运转部位防护安全。

3.2　粮油入仓生产安全事故预警防范

3.2.1　清理仓房作业

清理仓房时，作业人员必须穿戴必要的劳保安全用品（如防尘口罩等），视情况采取可行的降尘措施，打开门窗或排风扇，减少灰尘和粉尘对呼吸道的伤害。清扫仓房时，严禁吸烟或动火作业，预防粉尘燃爆。需要进行高处作业时，作业人员必须戴安全帽，系好安全带和安全绳。爬梯头尾必须有防滑保护装置，作业人员在梯上作业时，梯下必须有专人进行固梯保护工作。清理仓房时要仔细检查仓房的完好性，如检查仓墙是否开裂、仓顶是否漏雨、地坪是否下沉、挡粮门（板）及其固定装置是否安全可靠等，发现问题后，要在仓房入粮之前及时采取有效措施加以解决，以免装粮后影响储粮安全、建筑物安全和生产安全。

3.2.2　空仓杀虫作业

使用的空仓和器材杀虫药剂必须符合国家标准 GB/T 29890—2013《粮油储藏技术规范》的规定，以免对储粮造成污染。药剂可以是磷化铝、敌敌畏、敌百虫、辛硫磷、杀螟硫磷、马拉硫磷，纯度应达到要求，用药剂量要符合规定。施用磷化铝时，作业人员一定要佩戴正压式空气呼吸器，接触毒气时间每次不得超过 0.5h，每天累计不超过 1h。施用防护剂时，作业人员必须穿长袖工作衣裤，佩戴防毒面具或符合安全要求的防毒口罩，戴乳胶手套，每次操作不要超过 2h。施药期间要在仓房周围设置警戒线和警示牌。

3.2.3　扦取样品作业

扦取样品时，作业人员要按照高处作业的安全防护要求进行操作，系好安全绳和安全带。在各种运行的输送设备上扦取粮食样品时，作业人员要扎紧工作服袖口，将头发挽入工作帽内，以防衣服或头发卷入机器内而造成人身伤害。

3.2.4　计量称重作业

车辆通过称重衡的速度不得超过 5km/h，作业人员不能在汽车衡上急刹车，过快或急刹不仅会影响汽车衡的准确性能，而且可能会损坏承载零件。严禁作业人员在秤台上进行电焊作业，严禁将秤台作为地线使用，秤台缝隙不得有异物卡入，车辆和货物总重量不得超过汽车衡的额定总重量。

3.2.5　清理杂质作业

作业人员应在开机前检查清理杂质设备是否完好、安放是否稳固，检查动力传输部分的防护罩是否安装牢固。靠近机械设备的作业人员的工作服袖口要扎紧，头发要挽入工作帽内，按清理杂质设备的操作规程进行规范操作。

3.2.6　粮食烘干作业

作业人员应按规定穿戴劳保安全用品，在开机前检查烘干设备是否完好，动力传输部分要安装防护罩。原粮烘干之前必须清理杂质，烘干过程中要及时检查排粮是否通畅，监测烘干机内粮食的温度，防止粮食过热，以降低火灾风险。不得长时间超负荷地使用烘干机，停机后一定要熄灭烘干机的残火，并留专人照料，以防火灾发生。

3.2.7　粮食入仓作业

进粮作业需要使用各种输送设备，作业人员要按照各种机械设备操作规程规范操作。使用移动带式输送机时，作业人员应将机械高度降到最低位置，以防机头碰撞输电线路而引发触电事故。作业人员在开机前须检查设备是否完好，空载运行正常后再开始输粮作业。设备在运行过程中，作业人员应随时观察设备的运转情况，要特别注意电气设备或电线老化引起的升温、冒烟、起火现象，发现异常时要及时停机并妥善处理。

机械设备运转时，严禁人员从其下方穿行或从其上方跨越，严禁对正在运转的设备进行维修。

严禁人员将带式输送机等机械设备当作爬梯使用，以免造成跌落伤亡事故。

在卸粮过程中，根据保管人员对温、湿度的测定结果，确定是否开启排风扇。如果因空气湿度过大等不能开机通风，设备操作人员应密切注意卸粮点周围粉尘的浓度，如粉尘浓度过大，应暂停作业，严禁作业人员在高浓度粉尘下频繁启动电器及人为制造火源。

仓门处挡粮板应从下至上安装，挡粮板要严格入位、相互扣紧、稳固可靠，确保不漏粮、不滑脱。入仓粮食要按照“五分开”①的要求分仓存放。

散粮堆装高度不得超过设计装粮线，用筒式仓储存散粮不得超过设计容量和装粮线。围包散存堆垛和包装粮堆垛应按有关安全规范的要求码垛，以防堆垛坍塌。

① 进粮时，要按入仓粮食的品种、水分、杂质、新陈的不同，以及有虫无虫，分开存储。

3.2.8 平整粮面作业

作业人员应穿戴好劳保安全用品，系好安全绳，打开仓窗或排风扇通风除尘，严禁吸烟或动火作业。在平整粮面作业期间，应由安全员现场监测，根据锥形粮堆的高度和形状，设计平整方法和方向，避免人员被流动粮堆掩埋；平整粮面作业结束后，作业人员应在挡粮板与仓门之间的上方与粮面水平位置安放盖板或在粮堆边缘规定位置安装安全防护装置，以防人员跌落。

3.3 粮油入仓安全生产事故的应急处置

在粮油入仓过程中，发生生产安全事故的，应及时上报并立即启动相关应急预案，以电话报警或医疗急救求助，同时积极开展自救。

3.3.1 高处跌落事故的应急处置

现场负责人应立即向企业负责人报告事故情况，按照应急预案组织抢救。将可以移动的受伤人员转移至安全地带，进行合理处理。立即拨打急救电话，请求医疗人员实施救援。

3.3.2 不规范施用空仓杀虫剂事故的应急处置

不规范施用空仓杀虫剂可能会引起人员中毒。现场负责人应立即指挥停止作业，将中毒人员转移到安全区域，及时清理口鼻分泌物，保持呼吸道畅通。脱去被污染的衣物，清洗污染部位，注意使中毒人员保持体温正常。立即拨打急救电话，请求医疗人员实施救援。

3.3.3 粮食烘干机着火事故的应急处置

现场负责人应立即报警并向企业负责人报告火灾情况，启动应急预案，做好人员疏散等工作。停止所有机械设备，关闭电源总闸，热风炉实施临时停炉。火势未扑灭前，不允许人员进入烘干机。在允许的情况下打开着火点附近的紧急排粮口，排出粮食，清理残余物。

3.3.4 输送机等设备违规使用事故的应急处置

输送机等设备的违规使用可能会发生机身倾倒、人员伤亡等事故。现场负责人应立即向企业负责人报告事故情况，启动应急预案。立即将受伤人员转移到安全地带，进行合理的紧急处置。切断设备电源，防止慌乱中误触裸露电线或机械部件。立即拨打急救电话，请求医疗人员开展救援。安排专业机修人员检查机械，防止次生事故发生。

3.3.5　触电事故的应急处置

首先应切断电源，使触电者脱离漏电源或带电体。如果无法及时切断电源，则使用对电线（高压线）有足够安全度的绝缘工具（如干燥木棒）使触电者脱离漏电源或带电体，严禁直接用手或其他导电体接触触电者或带电体。触电者脱离漏电源或带电体后，应立即将其移至干燥、通风场所实施合理的现场救护，拨打急救电话或调度车辆将触电者送往医院抢救。立即报告事故情况，指挥疏散事故现场人员，制止人员围观。做好漏电源及带电体周边的警戒工作，防止人员进入漏电区域。全面查找漏电源，防止漏电范围进一步扩大。引导救援车及救援人员进入现场。必要时保护现场以便警方取证。

粮油仓储企业发生生产安全事故后，应按规定成立事故调查组，明确其职责与权限，进行事故调查或配合上级部门进行事故调查。

3.3.6　仓房坍塌事故的应急处置

现场人员应立即停止作业并向企业负责人报告事故情况。立即启动应急预案，在保证自身安全的情况下迅速抢救伤员，疏散事故现场周围的人员。立即拨打急救电话，请求消防人员和医疗人员实施救援。

3.4　粮油入仓安全生产的检查要点

粮油入仓安全生产的日常检查是安全生产预防工作的重要环节，一般以现场检查为主，以查阅档案资料为辅。通过现场查看入仓生产的安全情况，指出安全生产隐患。

3.4.1　清理仓房的检查要点

清理仓房的检查要点主要包括对仓内环境中粉尘的抑制和对粉尘伤害及粉尘爆炸的预防、高处作业时的安全防护，以及仓房及其附属设施的安全性、可靠性，粮油入仓清理仓房环节安全生产的日常检查要点如表 3.1 所示。

表 3.1　粮油入仓清理仓房环节安全生产的日常检查要点

检查项目	危险源	检查内容
清理仓房	灰尘和粉尘	劳保用品是否齐全
		排风扇是否运转正常
		是否严禁吸烟或动火作业
	高处作业	是否佩戴安全帽
		是否系好安全绳（带）
		爬梯头尾是否有防滑保护
		是否有专人进行固梯保护
		斜梯是否有护栏
		直梯是否有护笼
	仓房及附属设施	仓墙是否完好（不倾斜、不开裂、不渗水）
		仓顶是否完好（不开裂、不漏雨）
		地坪是否完好（不下沉、不开裂、不返潮）
		挡粮门（板）及其固定装置是否牢固可靠

为避免灰尘粉尘对人员身体造成危害，作业人员应佩戴防尘口罩，并采取负压或湿式作业等措施，防止粉尘飞扬及二次扬尘。清理平房仓时，作业人员应开启仓房门窗、排风扇；清理浅圆仓、立筒仓前，作业人员应检查并确认除尘系统运转正常，并在除尘系统运行 10min 后开始清扫；清理浅圆仓、立筒仓的上下通廊和工作塔时，严禁使用压缩空气吹扫灰尘。清理现场严禁吸烟或进行动火作业。

高处作业应严格执行高处作业的有关规定。作业人员应佩戴安全帽，并系好安全绳或安全带。使用爬梯时，爬梯头尾应有防滑保护装置，爬梯下部应有专人进行固梯保护；使用仓房固定斜梯时，斜梯应按规定设置护栏；仓房固定直梯应按规定安装护笼。

针对储粮仓房及附属设施，应重点检查仓墙有无倾斜、开裂、渗水等现象，检查仓顶有无开裂、漏雨现象，检查地坪有无下沉、开裂和返潮现象，检查仓房挡粮门（板）及其固定装置是否牢固可靠。

3.4.2　空仓杀虫的检查要点

仓储部门应制定空仓杀虫作业方案，包括消杀剂的种类、使用剂量、仓房密闭措施、密闭时间、散气时间、作业人员分工和职责、空仓杀虫期间作业人员及粮仓的安全防护措施等。粮油入仓空仓杀虫环节安全生产的日常检查要点如表 3.2 所示。

表 3.2　粮油入仓空仓杀虫环节安全生产的日常检查要点

检查项目	危险源	检查内容
空仓杀虫	空仓杀虫剂	药剂的种类是否符合有关规定
		药剂的纯度是否达到相关要求
		用药剂量是否符合相关规定
	施用空仓杀虫剂	施用磷化铝是否佩戴正压式空气呼吸器
		接触毒气时间是否每次不超过 0.5h
		接触毒气时间是否每天累计不超过 1h
		施用防护剂是否穿长袖工作衣裤
		施用防护剂是否佩戴防毒口罩
		施用防护剂是否戴乳胶手套
		每次操作是否不超过 2h
		仓房周围是否设置警戒线和警示牌

进行空仓杀虫作业前，作业人员应重点核查药剂的种类是否符合有关规定、药剂的纯度是否符合相关要求、用药剂量是否符合相关规定。仓储部门负责人应安排不少于 2 名作业人员同时作业，应检查作业人员是否具有相应的职业资格，禁止无相应职业资格人员从事空仓杀虫作业。

空仓杀虫及散气期间，仓储部门应在距离仓房 10～20m 处设置安全警示标志和警戒线。空仓杀虫作业时，现场人员应根据所用药剂的类型佩戴防毒口罩或空气呼吸器等安全有效的防护用具。仓储部门应安排 1 名专职监督警戒人员，监督警戒人员应站在仓门或仓口位置，保证所有作业人员均在其视野范围内。施用空仓杀虫剂时，每人每次不应超过 0.5h，每人每天不应超过 1h；空仓杀虫作业后，仓储部门应按作业方案组织进行通风散气。人员进入散气后的仓房前，应首先检查仓内氧气和有害气体的浓度并在确认安全或采取有效安全防护措施后方可进入。

3.4.3　扦取样品的检查要点

进行粮油入库扦样作业时，作业人员应重点检查高处作业或防止机械伤害等方面的安全防护是否到位。粮油入仓扦取样品环节安全生产的日常检查要点如表 3.3 所示。

表 3.3　粮油入仓扦取样品环节安全生产的日常检查要点

检查项目	危险源	检查内容
扦取样品	高处作业 （上车扦取样品）	是否佩戴安全帽
		是否系好安全绳（带）
		爬梯头尾是否有防滑保护
		是否有专人进行固梯保护

续表

检查项目	危险源	检查内容
扦取样品	机械运转机构（扦取流动粮食样品）	是否扎紧工作服袖口
		是否将头发盘入工作帽内

作业人员应使用爬梯或专用固定楼梯登上运粮车。使用爬梯时，爬梯头尾应有防滑保护措施，爬梯下部应有专人进行固梯保护；使用专用固定楼梯时，固定楼梯及顶部平台应按规定设置护栏。人员在运粮车上进行扦样作业时，应佩戴安全帽并系好安全绳或安全带。

扦取流动粮食样品时，作业人员应佩戴安全帽、扎紧工作服袖口并将头发盘入工作帽内。

3.4.4　计量称重的检查要点

计量称重前，作业人员应重点检查汽车衡称重平台的日常维护和安全防护。称重前，作业人员应检查并清除秤台缝隙可能卡入的异物；日常工作时，作业人员不得在秤台上进行电焊作业，不得将秤台作为地线的一部分使用；计量称重过程中，应派专人指挥车辆驶上秤台，车辆速度不得超过 5km/h，不得在秤台上急刹车，不应在秤台上长时间停留。车辆和货物总重量不得超过汽车衡额定称量值。粮油入仓计量称重环节安全生产的日常检查要点如表 3.4 所示。

表 3.4　粮油入仓计量称重环节安全生产的日常检查要点

检查项目	危险源	检查内容
计量称重	汽车衡秤台	秤台缝隙有无异物卡入
		是否在秤台上进行电焊作业
		是否将秤台作为地线使用
	称重作业的车辆	车辆和货物总重量是否超过额定称量值
		车辆有无在秤台上急刹车
		车辆速度有无超过 5km/h
		车辆有无在秤台上长时间停留

3.4.5　清理杂质的检查要点

清理杂质前，应制定完善的清理设备操作规程，重点对清理设备运转机构的安全防护装置进行检查，检查设备安放是否稳固；重点检查作业人员穿戴的防护用品是否齐全、是否符合要求；检查清杂操作是否规范。粮油入仓清理杂质环节安全生产的日常检查要点如表 3.5 所示。

表 3.5　粮油入仓清理杂质环节安全生产的日常检查要点

<table>
<tr><th>检查项目</th><th>危险源</th><th>检查内容</th></tr>
<tr><td rowspan="8">清理杂质</td><td rowspan="8">清理设备运转机构</td><td>清理设备操作规程是否完善</td></tr>
<tr><td>清理设备是否完好</td></tr>
<tr><td>动力传输部分有无安装防护罩</td></tr>
<tr><td>设备安放是否稳固</td></tr>
<tr><td>劳保用品是否齐全</td></tr>
<tr><td>操作人员的工作服袖口是否扎紧</td></tr>
<tr><td>操作人员的头发是否盘入工作帽内</td></tr>
<tr><td>清理杂质的操作是否规范</td></tr>
</table>

3.4.6　粮食烘干的检查要点

粮食烘干作业时，企业仓储部门应重点检查作业人员及作业现场的安全防护措施是否到位，检查防火措施和器械是否到位，检查异常情况处置预案是否完善，检查烘后仓及烘干机储粮段的粮温是否正常，检查粮食烘干各项操作是否规范。粮油入仓粮食烘干环节安全生产的日常检查要点如表 3.6 所示。

表 3.6　粮油入仓粮食烘干环节安全生产的日常检查要点

<table>
<tr><th>检查项目</th><th>危险源</th><th>检查内容</th></tr>
<tr><td rowspan="18">粮食烘干</td><td rowspan="8">设备的运转机构</td><td>烘干机操作规程是否完备</td></tr>
<tr><td>是否指定操作人员</td></tr>
<tr><td>劳保用品是否齐全</td></tr>
<tr><td>烘干设备是否完好</td></tr>
<tr><td>动力传输部分是否安装防护罩</td></tr>
<tr><td>操作人员的工作服袖口是否扎紧</td></tr>
<tr><td>操作人员的头发是否盘入工作帽内</td></tr>
<tr><td>操作是否符合规范</td></tr>
<tr><td rowspan="4">烘前仓、烘干机储粮段及烘后仓</td><td>烘前粮堆的安全性如何</td></tr>
<tr><td>烘前仓的粮食是否清理</td></tr>
<tr><td>烘后仓及烘干机储粮段的粮温是否正常</td></tr>
<tr><td>烘后仓结构的安全性</td></tr>
<tr><td rowspan="2">烘干机高空操作和维修</td><td>是否佩戴安全帽</td></tr>
<tr><td>是否系好安全绳（带）</td></tr>
<tr><td rowspan="2">烘干机排粮板或叶轮</td><td>排粮板、叶轮的运转是否正常</td></tr>
<tr><td>排粮是否畅通</td></tr>
<tr><td rowspan="2">热风炉</td><td>是否长时间超负荷使用热风炉</td></tr>
<tr><td>停机后残火是否熄灭</td></tr>
</table>

粮食烘干作业期间，作业人员应佩戴安全帽。在烘干塔及露天堆场周围应设置安全警示标志，严禁非作业人员进入现场；现场必须配备消防器材及设施；烘干机周围严禁堆放各类种皮、稻壳、秸秆等易燃品。

初始烘干时，应保持烘干机内粮食流动，严禁长时间闷塔；如果突然断电，应打开紧急排粮门，防止塔内糊粮和着火。

燃油、燃气炉在不同季节使用的燃料，必须按说明书的规定执行，严禁使用非雾化燃油；在燃烧器运行时，严禁给油箱加油。

烘干机进出粮的水分监测装置、进出风温度监测及调节装置、料位控制等应完整有效；烘前仓（烘后仓）上下料位应完整有效。

烘干机使用 30d 内必须清理烘干塔一次。

粮食烘干期间，安全员到位检查监测。

3.4.7　进粮作业的检查要点

企业仓储部门应制定粮油入仓作业方案。粮油入仓进粮作业时，作业人员应重点对粮食输送设备及操作使用情况进行检查，应检查作业现场粉尘抑制和防止粉尘爆炸措施的落实情况，应检查粮油堆放是否规范合理。粮油入仓进粮作业环节安全生产的日常检查要点如表 3.7 所示。

表 3.7　粮油入仓进粮作业环节安全生产的日常检查要点

检查项目	危险源	检查内容
进粮作业	胶带输送机和斗式提升机	机械操作规程是否完备
		机械操作人员是否指定
		机械设备是否完好
		移动输送机时是否将机头放至最低
		是否空载运行正常后才负载作业
		电线或电气设备有无老化
		设备运转时是否有人从机底及机面上通过
		有无对正在运转中的设备进行维修
		是否将带式输送机当爬梯使用
		操作是否符合规范
	粉尘	劳保用品是否齐全
		排风扇运转是否正常
		是否严禁吸烟或动火作业
	粮油堆放不合理	粮堆高度有无超过安全存粮线
		包装粮堆垛是否牢固
		围包散存堆垛是否牢固

3.4.8　平整粮面的检查要点

粮油进仓作业前，仓储部门应先制定平整粮面作业方案，明确人员分工和职责，明确各项安全防护措施和应急处置预案。

平整粮面时，作业人员应重点对现场粉尘抑制及人员防护、粉尘防爆等措施的落实情况进行检查，应重点检查仓房挡粮门（板）及其支撑固定装置是否牢固可靠。粮油入仓平整粮面环节安全生产的日常检查要点如表 3.8 所示。

表 3.8　粮油入仓平整粮面环节安全生产的日常检查要点

检查项目	危险源	检查内容
平整粮面	灰尘和粉尘	劳保用品是否齐全
		排风扇运转是否正常
		是否严禁吸烟或动火作业
	挡粮门（板）	挡粮门（板）及其支撑固定装置是否牢固可靠
		挡粮板之间是否扣紧稳固、不漏粮
		挡粮板和仓门之间有无盖板或护栏

平整粮面作业前，作业人员应先开启仓房的排风扇或窗户。仓储部门应安排不少于 2 人同时作业，作业人员应佩戴有效的防尘口罩。作业人员应从粮堆顶部自上而下地摊平粮食，严禁站在粮堆低凹处自下而上地摊平粮食。仓储部门应在仓门或仓口位置安排专人瞭望监护。

在平房仓平整粮面时，应在粮食入仓达到预定数量后平仓。作业人员应远离正在入粮的部位及粮堆外侧斜坡，防止顺粮堆滑落跌倒下陷而被粮食掩埋。

在浅圆仓和立筒仓平整粮面时，作业人员必须在粮食入仓结束后再入仓平整粮面。作业人员应系好安全带（绳）或采取其他有效防护措施，防止人员坠落。

3.5　粮油入仓安全生产事故的案例分析

3.5.1　违规使用空仓杀虫剂致使粮食污染事故

某粮食企业派 1 名临时工购买敌敌畏准备进行空仓杀虫，药剂销售人员错把剧毒农药 1605 当成敌敌畏售出。该名工人未检查而将剧毒农药带回单位。企业保管员也未对所购药剂进行验收核对，即指挥另外 2 名临时工进行空仓杀虫作业，致使该仓储存的 1000t 小麦局部遭受剧毒农药污染。

【原因分析】

国家标准 GB/T 29890—2013《粮油储藏技术规范》规定，空仓和器材杀虫药剂可以是磷化铝、敌敌畏、敌百虫、辛硫磷、杀螟硫磷、马拉硫磷，但不包括 1605 之类的剧毒农药。该企业管理混乱，制度不健全，人员素质不高，从而在储粮药剂采购、验收、使用等方面出现漏洞，最后导致事故发生。

3.5.2 不规范施用空仓杀虫剂致使人员中毒事故

某企业安排保管员张某、李某用电动喷雾器在空仓内进行敌敌畏喷雾作业。二人按规定对药剂进行稀释，施药过程中均佩戴防毒口罩。李某负责操作喷雾头手柄，张某负责推动喷雾器以配合作业。当进行到仓房中部区域时，李某突然倒地，张某见状随即关上喷雾器电源，将李某抱出仓外。经紧急抢救处理，李某转危为安。

【原因分析】

施用空仓杀虫剂敌敌畏时，必须穿长袖工作衣裤，佩戴防毒面具或符合安全要求的防毒口罩，戴乳胶手套，每次操作不要超过 1h。本案例中，操作人员施药时间较长，仓内空气中的敌敌畏浓度达到危害程度；施药人员佩戴的口罩也不符合有关呼吸防护规范要求。

3.5.3 违规移动带式输送机触电事故

某粮食收储企业将带式输送机从库区的东部推移约 200m 到露天堆场边，当时输送机头部仍处于高位状态。在推移途中，输送机机头碰到了库区道路上空的高压线，造成 7 名职工触电，其中 1 人身亡、6 人受伤。

【原因分析】

移动输送机之前，操作人员未按规定将输送机的各部件放置到最低位置。移动过程中未注意观察周边环境及电力设施，从而导致事故发生。

3.5.4 违规使用带式输送机伤人事故

某粮库在进行平房仓进粮作业的过程中，1 名工人通过输送机爬到 1 栋平房仓的入粮口处，在开启入粮口窗户时，输送机机头摆动致使该工人从输送机上跌落，头部撞击到地面，经抢救无效死亡。

【原因分析】

粮库机械设备使用规程规定，严禁将带式输送机等机械设备当作爬梯使用。该工人违反了生产作业规定，通过输送机爬到平房仓入粮口进行高空危险作业，从而导致事故发生。

3.5.5 输送机倾倒伤人事故

某粮库进行平房仓粮食入仓作业。午休期间，外包作业人员刘某等开启带式输送机进行进粮作业。为赶进度，刘某将输送机流量调大，导致输送机负载过大，失去平衡倾倒，将其砸伤致死。

【原因分析】

事故输送机支架采用滚轮式设计，存在重心不稳的缺陷。输送机配重箱里装载的仅为轻质砖块，配重不足。外包作业人员缺乏安全意识，违规操作。

3.5.6　违规维修斗式提升机伤人事故

某企业组织玉米入砖圆仓作业，出现了入仓的粮流不畅现象。带班班长登上27m 高的仓顶平台观察提升机机头轮运转情况。当发现有螺栓松动、头轮有异物时，他手拿扳手伸入提升机机头罩内进行调整。不料上行的畚斗带钩挂到他的衣袖，连同胳膊夹入提升机畚斗带和头轮之间。仓下操作人员听到提升机发出异常响声后，立即关闭电源，提升机停止转动，该班长从仓顶平台上摔落地面当场死亡。

【原因分析】

该带班班长在没有通知现场其他作业人员的情况下，违规对正在运转中的机械设备进行维修，直接导致事故发生。

本 章 小 结

粮油入仓是粮油仓储企业主要的作业环节之一，也是生产安全事故的易发环节。粮油入仓的基本作业流程包括维修和清理仓房、空仓杀虫、扦取样品、计量称重、清理杂质、粮食烘干、进粮作业、平整粮面。在粮油入仓的过程中，随处都可能存在危险源和事故隐患，因此，只有正确识别危险源，消除隐患，做好事故预警防范、应急处置，才能做好粮油入仓的安全生产工作。

第 4 章　粮油储存安全生产

4.1　粮油储存安全生产危险源的识别

作业人员利用知识、经验和检测等手段排查危险源。

4.1.1　环境危险源的识别

1）仓外环境：仓外环境危险源的识别同 1.1.4 小节中的“不安全的环境”。

2）仓内环境：低氧或缺氧环境，仓内氧气浓度低于 19.5%；有毒有害气体环境，仓内含有磷化氢、一氧化碳、二氧化碳等。

3）水患区粮库：处于地势低洼、低水位区的粮库；行洪、泄洪区的粮库；台风等自然灾害多发区的粮库。

4）药剂库：应进行排查防爆、防火等安全防护。

4.1.2　储粮仓房及附属设施危险源的识别

1）空仓，排查地坪有无沉降、裂缝、起拱等。

2）仓房内外，排查仓墙有无裂缝、倾斜、断裂等。

3）屋顶，排查有无漏雨、裂缝、坍塌等。

4）仓内照明、电源电线、配电箱，排查电器有无老化、年久失修等。

5）窗户排风扇、查粮爬梯，排查其安全防护等。

4.1.3　仓内粮食危险源的识别

1）堆粮线，排查有无超仓容储存。

2）排查有无高水分粮、高温粮、高杂质粮、严重虫粮。

4.1.4　简易仓囤储粮设施危险源的识别

1）储粮堆放得过高、间距过小，堆垛倾斜。

2）高压线下的简易仓囤储粮。

3）防火、防雨、防风措施不到位的简易仓囤储粮。

4.2　粮油储存安全生产事故预警防范

通过管理手段、技术措施等消除危险源是粮油储存期间事故预警防范的主要措施。具体内容如下。

1）报废危房仓。

2）维修加固及大修仓。

3）更换、维修老化电器。

4）降低超仓容储存的粮堆高度。

5）更换垂直查粮爬梯或加装安全防护设施。

6）加装排风扇防护罩。

7）药剂库安装防爆排风扇、防爆照明灯。

8）对低水位、水患区的仓房，在洪汛期来临前及时转移粮食，加固防汛设施，制定抢险应急预案等。

9）加强露天储粮防风、防火、防潮（雨）措施。

10）防范高水分粮发热霉变。采取烘干、机械通风、熏蒸控霉、就仓干燥等技术措施。

11）防范高温粮结露、霉变。采取机械通风、谷物冷却等技术措施。

12）采取局部挖潭除杂、倒仓清理等技术措施，防范高杂质粮局部发热、结露等。

13）采取熏蒸等技术措施，防范严重虫粮引起虫灾、发热等。

14）采取机械通风等技术措施，消除仓内低氧、有毒有害气体危险源。

15）采取密闭仓房等技术措施，防范仓外有毒有害气体污染。

4.3　粮油储存安全生产事故的处置

4.3.1　粮油储存事故的报告

1）火灾事故。储粮仓房及设施发生火灾，应拨打报警电话 119。

2）储粮及设施安全生产事故的报告内容：事故发生单位概况；事故发生的时间、地点及事故现场状况；事故的简要经过；事故已经造成或者可能造成的伤亡人数和初步估计的直接经济损失；已经采取的措施；其他应当报告的情况。

4.3.2　粮油储存事故的应急处置

1）启动应急预案，成立事故应急处理小组。根据储存事故的性质、现场等情况，制定切实可行的处置方案并组织实施。

2）应急处理的安全防范措施。应急处置人员入仓前必须检查仓内危险源，判断仓内环境是否安全。排除危险源后应急处置人员方可进仓。应急处置人员必须佩戴安全防护设备，仓外有足够的救援人员配合。

4.4　粮油储存安全生产的检查要点

4.4.1　储存环境安全生产的检查要点

粮油储存环境分为仓外环境和仓内环境。针对仓外环境，应主要检查规定范围内是否存在可能对储粮造成污染的化工厂、农药厂等污染源，检查仓房周围有无汽油、柴油、天然气罐等易燃易爆危险源；人员进入仓内环境前，应分别检测氧气及磷化氢等有害气体的浓度。储存环境安全生产的检查要点如表 4.1 所示。

表 4.1　储存环境安全生产的检查要点

检查范围		危险源（隐患）	检查方法及关键点
储存环境	仓外环境	污染源	仓房周围化工厂、农药厂等
		易燃、易爆源	仓房周围汽油、柴油、天然气罐等
	仓内环境	低氧或缺氧	使用氧气检测仪检测氧气浓度，若氧气浓度<19.5%，则属于低氧环境
		有毒有害气体	使用气体检测（报警）仪检测磷化氢、二氧化碳

4.4.2　仓房及附属设施安全生产的检查要点

粮油储存期间，应随时观察并定期检查仓房及其附属设施的安全及防护状况。仓房及附属设施安全生产的检查要点如表 4.2 所示。

表 4.2　仓房及附属设施安全生产的检查要点

检查范围		危险源（隐患）	检查方法及关键点
仓房	地坪	沉降、裂缝、起拱	空仓检查地坪
	仓墙	倾斜、裂缝、断裂	检查仓内外仓墙
	屋顶	漏雨、裂缝、坍塌	检查屋顶
	堆粮线	超仓容	实仓检查堆粮线

续表

检查范围		危险源（隐患）	检查方法及关键点
仓房附属设施	电器	配电箱、电线、照明、排风扇	检查有无老化、年久失修情况
	查粮爬梯	垂直爬梯	检查安全防护情况
	药剂库	防爆电器	检查防爆排风扇、照明等情况

4.4.3 水患区粮库及露天储粮安全生产的检查要点

对处于水患区的粮库，应重点检查库区及仓房周围排水设施是否畅通，仓房防汛设施和器材是否到位等。水患区粮库及露天储粮安全生产的检查要点如表 4.3 所示。

表 4.3 水患区粮库及露天储粮安全生产的检查要点

检查范围		危险源（隐患）	检查方法及关键点
水患区粮库	地势低洼的仓房	排水沟不畅通、有积水；仓房无防洪墙、内地坪渗水等	检查仓房明暗沟是否畅通，仓房防汛设施和器材是否到位，仓房地坪防潮层是否完好，天沟是否完好，水落管是否畅通等
	低水位的仓房	风道进水、仓房内地坪渗水等	
	行洪、泄洪区的仓房	无防洪坝（堤）；仓房无防洪墙等	
	台风等自然灾害多发区的仓房	仓门窗无防台风、防暴雨措施等	
露天储粮	储粮环境	高压线下堆粮、低洼地堆粮等	检查周围环境
	露天堆垛	堆垛间距太小（<6m）、堆放过高（>7m）	测量堆垛间距、高度
	设施	囤垛不能满足防水、防潮、防火、防风、防虫鼠雀害要求	检查防护设施

露天储粮时，应重点检查储粮囤垛的周围环境、囤垛间距和高度，以及防水、防潮、防火、防风、防虫鼠雀害等措施是否到位。

4.5 粮油储存生产安全事故的案例分析

4.5.1 粮食磷化氢污染事故

2011 年 5 月，某粮库未经批准，擅自使用过期磷化铝粉剂对 5 号仓进行储粮熏蒸，5 号仓储存早籼稻谷 2500t，熏蒸负责人考虑到磷化铝粉剂已经过期，确定粮堆用药剂量为 40g/m^3 粉剂，施药后密闭熏蒸 28d，而后散气。取样检测发现，库存早籼稻谷样品的磷化氢残留严重超过国家标准，造成磷化氢粮食污染事故。

【原因分析】

1）未按国家规定申报过期化学药剂库存。

2）未经授权使用过期的化学药剂。

3）未进行磷化铝粉剂含量检测，熏蒸负责人想当然地认为过期药剂会部分失效，盲目加大熏蒸用药剂量，比常规熏蒸用药剂量高 5 倍多，严重超过国家规定标准，导致熏蒸后的早籼稻谷中磷化氢残留严重超标。

4.5.2 磷化氢熏蒸散气事故

2011 年 9 月 13 日，某粮库工作人员在对熏蒸仓房进行散气作业时，仓内缺氧导致 4 人死亡。

【原因分析】

1. 事故直接原因

1）仓储员工违规作业进入危险区域是该事故的直接原因。

2）其他员工在实施救援中方法不当，进一步恶化了事故的后果。

2. 事故间接原因

1）粮库员工对安全生产认识不到位。缺乏安全意识和自我保护意识，使用磷化氢熏蒸储粮害虫时，对散气时的危险性认识不足。

2）安全生产制度不落实。员工未经安全培训就上岗。散气时，员工不按熏蒸工作方案执行，在对新仓房的密闭性能和玉米存储耗氧特性不了解的情况下，未检测仓内气体成分和浓度，仅凭经验判断，违规作业，导致发生事故。

3）现场缺乏安全警示标志。对存在较大危险因素的场所未设置明显的安全警示标志。

4）新建仓库散气窗户的密封薄膜为内置式设计，散气时，实施散气的人员只能进入仓房内撤除密封薄膜，增加了作业人员的操作风险。

本 章 小 结

粮油储存是粮油仓储企业主要的作业环节之一，也是生产安全事故的易发环节。粮油储存的仓房及附属设施、储存环境等都存在危险源和事故隐患，因此，正确识别危险源，消除隐患，是做好粮油储存安全生产工作的前提。

第 5 章　粮油出仓安全生产

5.1　粮油出仓安全生产危险源的识别

按照粮食出仓作业的基本流程和顺序，各环节的主要危险源分别如下。

1. 出仓前准备环节危险源的识别

清理仓内及粮堆中粮情检测、害虫防治等设施器材。

第一类危险源：①仓内可能存在的有毒有害气体；②仓内可能的缺氧状态；③仓门内侧上方无有效防护设施。

第二类危险源：①进入熏蒸结束后的仓房前，未检测仓内有毒有害气体浓度；②进入气调结束后或长期密闭后的仓房前，未检测仓内氧气浓度；③进行临边作业时未采取有效防护设施。在施工现场，高处作业中工作面的边沿没有围护设施或虽有围护设施但其高度低于 800mm，这一类作业称为临边作业。

2. 作业环境环节危险源的识别

检查作业环境有无“凸出物、悬挂物”，有无其他作业活动等。

第一类危险源：①周边有凸出物，如图 5.1 所示；②上方有悬挂物；③周边或上方有其他作业活动（交叉作业，两个或两个以上的工种在同一个区域同时施工称为交叉作业）。

图 5.1　危险的井盖

第二类危险源：①凸出物位置无警示牌；②悬挂物下方无警示牌；③与周边或上方的其他作业活动未有效隔离；④现场未采取有效的防护措施。

3. 机械设备准备环节危险源的识别

出仓机械设备的移动和衔接。

第一类危险源：①移动路线上方的电力设施（电线）；②移动路线上的铁轨、斜坡。

第二类危险源：①移动时使用人或物当配重；②衔接过程中刮落上方物品、碰倒其他机械、挤伤或砸伤人员；③使用不正确的方式支撑机械设备，如图 5.2 所示。

图 5.2 不正确的机械支撑方式

4. 连接电源环节危险源的识别

第一类危险源：①插座、插头；②电源线和电闸箱。

第二类危险源：①使用破损的插座、插头，如图 5.3 所示；②使用老化或破损的电源线，如图 5.4 所示；③电源线未按规定架空；④电源线未按规定采取防护措施；⑤无箱体、无漏电保护器，乱摆放。

图 5.3 破损的插头

图 5.4 老化的电源线

5. 检查机械设备环节危险源的识别

检查机械设备的完好性，包括对结构、外观、安全防护装置的检查。

第一类危险源：扒谷机、输送机、清理筛等机械设备。

第二类危险源：①使用部件缺失、松动、损坏、脱落的机械设备；②使用无防护罩的机械设备；③使用的机械设备输送带破损、连接不牢等。

6. 机械设备启动及运行环节危险源的识别

机械设备启动及运行主要包括启动方式、启动顺序和运行状况。

危险源：①未确认生产线上及附近是否有人；②未按要求“点启动”；③未按要求先启动卸料端的机械设备；④未按要求检查设备机械运转是否正常即开始进料。

7. 开始出仓环节危险源的识别

开始出仓主要包括出粮口开启的顺序和方式、拆垛拆散池墙体的方式方法。其中的危险源主要有筒式仓出粮未先开启中心部位出粮口和拆包装垛时一拆到底。

8. 出仓过程中危险源的识别

出仓过程中的主要危险源如下：①带电移动机械设备；②人员进仓，尤其是未关闭出粮口进仓；③靠近、接触高速转动的部件；④带电检修或保护措施不力；⑤作业现场混乱；⑥隔断、隔墙、粮堆崩裂（倒塌、坍塌）；⑦清除挂壁、结拱；⑧运输车辆撞人、撞物。

9. 出仓后清理环节危险源的识别

第一类危险源：①仓内的粮食；②仓内出粮口；③粉尘、灰尘。

第二类危险源：①清理筒式仓内残留的粮食；②清理机械设备上（内）的粮食。

5.2　粮油出仓安全生产事故预警防范

5.2.1　危险源的管理

企业应针对每一个危险源制定出一套严格的安全管理制度，通过技术措施和组织措施，对危险源进行严格控制和管理。技术措施包括维修、有计划的检查等，组织措施包括对人员的培训与指导，提供保证其安全的设备，以及工作时间、职责的确定和现场安全的管理。

5.2.2　粮食出仓作业安全预警防范

粮食出仓作业时，作业人员应重点加强粮食出仓前准备、检查作业环境、机械设备准备移动和衔接、连接电源、检查机械设备、机械设备启动及运行、开始出仓、出仓过程中、出仓后清理等主要生产作业环节的安全预警防范。

1. 出仓前准备

粮食出仓作业前，人员不可避免地要进入储粮仓房，这就要求作业人员首先检查仓内的气体成分和浓度，在确认安全或佩戴有效防护器具的前提下方可进入；开始作业前，应检查仓房挡粮门（板）及其支撑固定装置是否牢固可靠，检查临边位置是否按规定采取防护措施。

粮食出仓作业前，针对储粮仓房需要辨识的主要危险源、可能的后果及预警防范措施如表 5.1 所示。

表 5.1　出仓前准备环节的主要危险源、可能的后果及预警防范措施

范围/部位	危险源（隐患）	可能的后果	预警防范措施
仓内	可能存在的有毒有害气体	中毒伤亡	保证足够的通风、散气时间
	仓内可能的缺氧状态	窒息伤亡	事先进行足够的通风换气
仓门内侧上方	无有效防护设施	坠落伤亡	按要求安装护栏、系安全带
	进行临边作业时未采取有效防护设施	坠落伤亡	系安全带
仓内	进仓前未检测仓内有毒有害气体的浓度	中毒伤亡	进仓前检测仓内有毒有害气体的浓度
	进仓前未检测仓内氧气浓度	窒息伤亡	进仓前检测仓内氧气浓度
挡粮门（板）及其支撑固定装置	未经正规设计、制作和安装；超设计期限使用；鼓胀变形、门板滑脱等	挡粮门（板）崩裂、粮堆坍塌，进而造成人员伤亡事故	由有资质的单位设计、制作和安装；关口前移，粮食入仓前严格检查，发现问题及时加固或更新，确保牢固可靠；另行制定安全可靠的粮食出仓方案

2. 检查作业环境

开始作业前，作业人员应对拟开展作业的场地及其周边和上方进行检查，主要危险源、可能的后果及预警防范措施如表 5.2 所示。

表 5.2　检查作业环境环节的主要危险源、可能的后果及预警防范措施

范围/部位	危险源（隐患）	可能的后果	预警防范措施
现场周边	有凸出物	人员磕碰伤害	凸出物位置设置警示牌
现场上方	有悬挂物	人员受打击致伤或死亡、物质损失	悬挂物下方设置警示牌
周边或上方	有其他作业活动	人的伤害、物的损失	设置有效的隔离和防护措施
现场	地面上的坑洼、凸起、井口等	人的伤害	填平或消除；检查并确保安全防护设施齐全有效

3. 机械设备准备移动和衔接

应制定机械设备移动方案，规划机械设备移动路线；移动机械设备时，要有专人负责指挥，严禁用人或物体作为机械配重；机械设备安放要稳固，禁止使用不正确的方式支撑机械设备。机械设备准备移动和衔接环节的主要危险源、可能的后果及预警防范措施如表 5.3 所示。

表 5.3 机械设备准备移动和衔接环节的主要危险源、可能的后果及预警防范措施

范围/部位	危险源（隐患）	可能的后果	预警防范措施
移动路线上方空间	电力设施（电线）	触电伤亡	绕行、断电、拆移
移动路线上的路面	铁轨、斜坡	设备倾倒、人身伤亡	做好铺垫、降低机械高度、移动时与斜坡保持垂直、降低坡度
移动时的操作	移动时使用人或物当配重	坠落伤亡或打击伤亡	严禁使用人或物当配重
移动或转动范围内	衔接过程中刮落上方物品、碰倒其他机械、挤伤或砸伤人员	人身伤亡	缓慢移动、注意观察；清除或绕开障碍物；加强现场管理和指挥
机械设备支撑	使用不正确的方式支撑机械设备	机械倾倒、人身伤亡	使用牢固、稳妥的方式；加强检查，发现问题及时加固

4. 连接电源

作业现场临时用电应符合有关规定，应加强对电源插头、插座、电源线及电闸箱的检查，规范现场用电。连接电源环节的主要危险源、可能的后果及预警防范措施如表 5.4 所示。

表 5.4 连接电源环节的主要危险源、可能的后果及预警防范措施

范围/部位	危险源（隐患）	可能的后果	预警防范措施
电源插头、插座	使用破损的插座、插头	触电伤亡、火灾	禁止使用破损的插座、插头；严禁用电源线直接连接电源
电源线	使用老化或破损的电源线	触电伤亡、火灾	禁止使用老化或破损的电源线；加强检查，及时更换
电源线的铺设	电源线未按规定架空	触电伤亡、火灾	按规定架空
	电源线未按规定采取防护措施	触电伤亡、火灾	按规定采取防护措施
电闸箱	无箱体、无漏电保护器，乱摆放	触电伤亡、火灾	使用符合要求的电闸箱；加强现场管理和检查

5. 检查机械设备

作业所需的机械设备必须结构牢固，安全防护装置齐全有效，输送皮带不得有严重破损等现象。检查机械设备环节的主要危险源、可能的后果及预警防范措施如表 5.5 所示。

表 5.5 检查机械设备环节的主要危险源、可能的后果及预警防范措施

范围/部位	危险源（隐患）	可能的后果	预警防范措施
机械设备的结构	使用部件缺失、松动、损坏、脱落的机械设备	机械故障、坍塌倾倒、人身伤亡	定期维护、检修；使用前仔细检查，禁止机械“带病”作业
防护装置	使用无防护罩的机械设备	人身伤亡	加强检查、禁止使用
外观	使用的机械设备输送带严重破损、连接不牢等	机械故障、人身伤亡	加强维修保养；加强检查、禁止使用

6. 机械设备启动及运行

启动机械设备之前，必须首先确认生产线上及其附近没有人员作业或停留。应按照有关规定或设备使用要求正确启动机械设备。机械设备启动后，观察并确认其运转正常后，方可离开。机械设备启动及运行环节的主要危险源、可能的后果及预警防范措施如表 5.6 所示。

表 5.6 机械设备启动及运行环节的主要危险源、可能的后果及预警防范措施

范围/部位	危险源（隐患）	可能的后果	预警防范措施
生产线上及附近	未确认生产线上及附近没有人	人身伤亡	强化意识、提高观察力；重大隐患部位施行工作牌制
启动方法	未按要求“点启动”	机械设备损坏	加强培训、强化意识；加强现场管理
启动顺序	未按要求先启动卸料端的机械设备	粮食损失、设备损坏	加强培训、强化意识；加强现场管理
设备运行状况	未按要求检查设备机械运转是否正常（即开始进料）	设备损坏、人身伤害	加强培训、强化意识；加强现场管理

7. 开始出仓

散粮开始出仓前，应首先确认仓内粮面上的人员和工具器材均已撤出再开启出粮口；筒式仓出粮作业时，应重点保持仓内粮食与仓体荷载的均衡。出粮作业时，应首先开启仓房底部中心位置的出粮口，当粮食不再从中心出粮口自动流出后，再依次开启其两侧对称的出粮口继续出粮；垛存粮食出仓作业时，应自上而下、由外向内呈阶梯状拆垛，禁止一拆到底的作业方式。开始出仓环节的主要危险源、可能的后果及预警预防措施如表 5.7 所示。

表 5.7　开始出仓环节的主要危险源、可能的后果及预警防范措施

范围/部位	危险源（隐患）	可能的后果	预警防范措施
仓内	工具器材遗留在粮面上；人员停留在粮面上	陷入粮堆导致出粮口堵塞或人身伤亡	开启出粮口之前检查确认
出粮口开启顺序	筒式仓出粮未先开启中心部位出粮口	仓房倒塌、人身伤亡	加强培训和现场检查；严格按有关技术规程操作
拆垛的方式方法	拆包装垛时一拆到底	堆垛倒塌、人身伤亡	加强培训和现场检查；严禁一拆到底

8. 出仓过程中

粮食出仓作业过程中的危险源主要来自粮食输送机械设备（设备移动、维修、高速转动的部件）、违章搭建的仓房或粮堆隔断墙，以及粮食挂壁、结拱、出粮口堵塞和现场机动车辆。出仓过程中的主要危险源、可能的后果及预警防范措施如表 5.8 所示。

表 5.8　出仓过程中的主要危险源、可能的后果及预警防范措施

范围/部位	危险源（隐患）	可能的后果	预警防范措施
高速转动的部件	靠近、接触高速转动的部件	人身伤亡	加强培训和现场管理；做好安全防护
机械设备维修	带电检修或保护措施不力	触电伤亡	加强培训和现场管理；严禁带电检修；做好安全防护
机械设备现场移动	带电移动机械设备	触电伤亡	加强培训和现场管理；严禁带电移动机械设备
仓房、粮堆的隔墙	隔断、隔墙	崩裂、倒塌；人身伤亡	加强培训和现场作业管理；严格按照有关技术规程操作；重点部位设专人警戒
出粮口、挂壁结拱	人员进仓未关闭出粮口；仓内挂壁结拱	人身伤亡	必须先关闭出粮口；观察仓内，判断有无挂壁结拱等；采取有效措施做好个人安全防护
仓内作业	挂壁、结拱、出粮口堵塞	人身伤亡	采取有效的安全防护措施
现场机动车辆	运输车辆（撞人、装物）	人身伤亡	加强现场管理

9. 出仓后清理

粮食出仓结束后的清理可分为仓内清理和机械设备上（内）清理两部分。清理筒式仓内残留的粮食时，可能会发生人员滑入出粮口、被残留或挂壁的粮食掩埋等事故；清理机械设备上或机械设备内部的粮食时，可能会发生人员触电、机械伤害、高处坠落等事故。出仓后清理环节的主要危险源、可能的后果及预警防范措施如表 5.9 所示。

表 5.9　出仓后清理环节的主要危险源、可能的后果及预警防范措施

范围/部位	危险源（隐患）	可能的后果	预警防范措施
仓内	清理筒式仓内残留的粮食	人身伤亡	制定清理方案，按技术规程操作；采取有效的安全防护措施
机械设备上（内）	清理机械设备上（内）的粮食	人身伤亡	切断电源，降低设备高度；采取有效的防护措施

5.3　粮油出仓生产安全事故的应急处置

5.3.1　应急处置的内容与原则

粮油出仓生产安全事故的应急处置的内容与原则同 1.3.2 小节。

5.3.2　应急处置措施

1. 触电事故

（1）容易发生触电事故的情形

出仓作业过程中容易发生触电事故的情形，主要包括违规带电移动机械设备、移动过程中接触到带电体、电源线及插座插头老化损坏造成漏电，以及机械设备因受潮受湿带电等。

（2）触电事故的应急处置

触电事故的应急处置同 3.3.5 小节。

2. 高处坠落

（1）容易发生高处坠落的情形

出仓作业过程中容易发生高处坠落的情形，主要有违章攀爬机械设备、使用爬梯及高处作业等。

（2）高处坠落的应急处置

1）发生高空坠落事故后，现场人员应当立即采取措施，切断或隔离危险源，防止在救援过程中发生次生灾害。

2）现场人员应当立即开展现场急救工作，并请求应急救援和上报事故信息。派人在现场外等候接应救护车，同时把救护车辆进入事故现场的路上障碍及时予以清除，使救护车辆能顺利到达，及时进行抢救。

3）现场人员应做好受伤人员的现场救护工作。受伤人员出现骨折、休克或昏迷状况时，应采取妥善的包扎止血措施，进行人工呼吸或胸外心脏按压，尽量努力抢救伤员。

4）应急救援人员到达现场后，应当立即采取措施对事故现场进行隔离和保护，严禁无关人员入内，为应急救援工作创造一个安全的救援环境。同时，应立即组织开展事故调查，为尽快还原事故创造条件。

5）在伤员转送之前必须进行急救处理，避免伤情扩大，应在途中作进一步检查，进行病史采集，通过询问护送人员、事故目击者了解受伤过程，发现一些隐蔽部位的伤情，以进一步处理，减轻患者伤情。

总体来说，高空坠落事故的处置程序大体包括切断或隔离危险源、现场急救、拨打救援电话，同时上报事故情况、现场保护隔离、清除障碍引导救护车辆、向急救人员介绍病史及受伤过程等。

事故的应急处置涉及众多部门和诸多环节，需要事先制定应急预案并进行演练。本书只是将其中的一些关键环节和注意事项进行了简要介绍，详细的处置程序还需要读者学习和参考具体的事故应急处置程序。

5.4　粮油出仓安全生产的检查要点

5.4.1　粮油出仓安全生产的基本要点

1）制定粮食出仓作业方案。立筒仓、浅圆仓等的出仓作业应考虑卸载时仓群荷载的均衡性，避免仓群长期偏载。例如，某面粉原料筒仓是中国第一批钢筋混凝土立筒库，呈 2×5 排列，于 1956 年建成投产。多年来筒仓沉降均匀，处于正常使用状态。1982 年，在仓群满载的情况下，因操作不慎，将其中单排 5 个仓全部卸空，过大的偏心荷载造成仓群倾斜、仓上层皮带机扭曲的事故。

2）熏蒸后的仓房，应检测仓房周围环境及仓内熏蒸气体的浓度，确认安全后方可开始出仓作业。

3）气调或长期密闭储粮的仓房，应先检测仓内氧气浓度，确认安全后方可入仓清理测温电缆等。

4）准备好粮食出仓所需的机械、设备和器材、器具，并对其进行严格检查，确认完好、安全后方可开启、使用。

5）人员从仓顶进仓时，必须遵守以下规定：应备有扶梯、站人护栏、软梯、安全带、吊篮等安全防护设施；入仓前，应先打开仓顶通风口，启动轴流风机，确认仓内不处于缺氧状态、熏蒸后药剂残留量达到安全要求后，人员方可入仓；

入仓作业必须保证 2 人以上。仓外必须有人监护，入仓作业人员必须系好安全带，并保证安全带有效；仓内使用的灯具应属粉尘防爆型，电压应不超过 36V。

5.4.2　粮油出仓安全生产的具体要求

1. 浅圆仓

（1）出仓作业

1）出仓时，必须先从中心出粮口出粮，待中心出粮口停止自流后，再开启一组对称的出粮口，调整控制两个出粮口的流量使出粮对称均匀。待一组出粮口停止出粮后，再开启另一组出粮口，直至出仓完成。

2）在粮食出仓过程中，若出粮口堵塞，宜打开仓下地沟处出粮溜管的检查门进行排堵。

3）出粮口停止自流后，仓内仍留存 20%～30%的粮食，此时应打开仓门，开启挡粮门（板），按清仓机械的操作要求进行清仓作业。

（2）清仓作业

清仓作业时，应注意以下几点。

1）应注意粮堆的流动情况。若出现直立或“鹅头”状粮堆，应立即停止作业，防止粮堆塌陷而造成伤亡事故。待按规定处理后再继续作业。

2）禁止人员从仓顶进入口进入仓内。

3）若出现粮食挂壁现象，宜站在离挂壁粮食足够远的安全距离处，用长竹竿清除粮食。清除粮食时，应从挂壁粮食的顶部开始，自上而下，随时注意可能发生的危险情况。错误的挂壁处理方式如图 5.5 所示。

图 5.5　错误的挂壁处理方式

2. 立筒仓

1）粮食出仓时，应及时补充仓内空气，避免形成过大的负压。

2）在粮食出仓过程中，若出粮口堵塞，宜打开仓下出粮溜管（图 5.6）的检查门进行排堵。

3）粮食出仓过程中，应随时观察仓内粮食流动情况（图 5.7），出现挂壁、结拱时，应关闭仓下出料闸门，停止出粮作业，进行有效处理，必要时组织人员入仓处理。

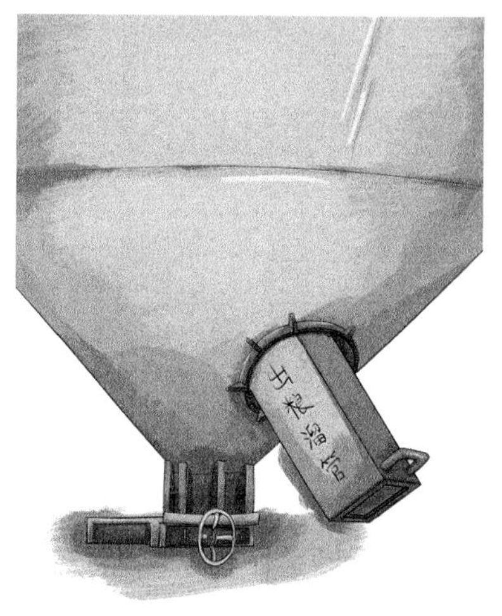

图 5.6　出粮溜管

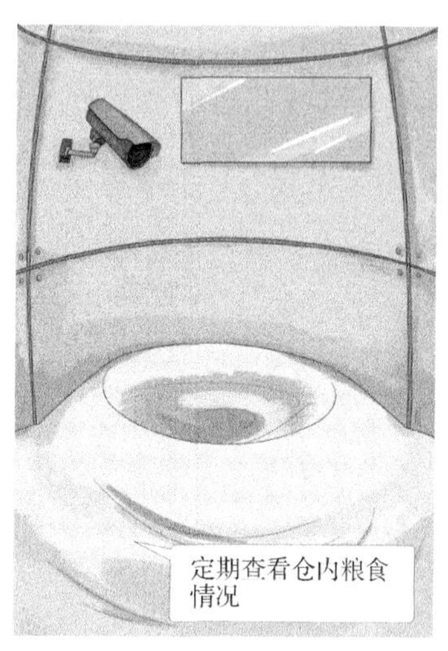

图 5.7　查看仓内粮食流动情况

3. 砖圆仓

1）粮食出仓时，必须先从中心出粮口出粮，待中心出粮口停止自流后，再开启中心机道的一组对称出粮口，调整控制两个出粮口的流量使出粮对称均匀。直至中心机道出粮口停止自流，才能开启两侧机道出粮口出粮。两侧机道出粮时，必须先从中心出粮口出粮，再从对称出粮口出粮。

2）出粮口停止自流后，通过仓上进入口确认仓内无结拱、挂壁的情况后，打开仓壁上的仓底检查门，在仓外有人监护的情况下，人员进入仓内清除残留粮食。

3）清仓作业应遵循以下规定：一是打开仓门，启动仓上轴流风机，以降低仓内粉尘浓度；二是注意保护通风、熏蒸、测温等设施，不得损坏；三是锥底仓清仓作业时，必须在关闭仓下闸门、采取安全措施后，人员才能进仓进行清仓作业。

4）平底仓清仓作业时，应防止作业人员滑入出粮口。

4. 平房仓

1）应打开门、窗及轴流风机，保持良好通风。

2）应清扫干净装粮处及其他作业场地。

3）应先打开仓门，然后开启挡粮门（板）上的出粮口，当靠近出粮口的粮食流出后，按照顺序拆下挡粮板，再按照出仓作业顺序进行出仓。

4）应随时观察仓内粮食的流动情况，出现异常应停止出粮作业，组织人员进行有效处理，并注意采取安全防护措施。

5）部分粮食出仓后，对于剩余的粮食，应平整粮面，避免长期偏载，并保证测温系统、通风系统、熏蒸系统正常工作。

5.4.3 粮食出仓作业的安全要点

粮食出仓作业安全要点可从以下 4 个方面来概括。

1. 人

人，即现场作业人员。

1）努力提高人员的素质，使其养成严格遵守规章制度的习惯和作风。人员素质不高，各项活动就难以顺利开展。所以，要始终着眼于提高作业人员的素质。

2）明确职责作业之前，应明确由专人（兼职）负责现场作业安全。

3）在作业前、作业过程中，应注意观察作业人员的状态，包括身体状况、心理和情绪是否正常、是否饮酒等。

4）安全共享，相互监督并及时制止各类“三违”行为，包括危险行为和冒险行为等。

2. 机

机，即现场作业的机械设备。

1）机械设备移动前，作业人员应将机械设备的高度降至最低；移动时要注意路面（斜坡、坑洼、轨道等）状况，机械设备上严禁载人（用人配重）；雷雨天禁止移动机械设备。

2）作业前，作业人员应检查机械设备的完好性，按规定检查设备的运转情况。

3）在机械设备的运行过程中，应注意观察设备运转的情况；发现异常时，应及时停机、检修。

3. 法

法，即粮食出仓作业等各项规章制度、操作规程和方式方法等。

1）严格执行技术规程和有关规定。

2）在可能的危险场所由专人负责观察、瞭望和警示，包括仓房隔断墙、围包散池的隔断墙、粮食堆垛等可能出现倒塌的场所。

3）掌握适宜的操作时机和方式方法。拆挡粮板，拆板时必须先停机；掌握时机，随着粮食出仓适当增加拆板的次数；拆之前先尽量摊平粮面。破除结拱，设计专用工具。调节和控制安全带有效长度。清除挂壁，设计专用工具。严禁脱离安全保护工具或设施。

4. 环

环，即作业现场及周边环境。

1）地面或台面地面应及时清扫，保持整洁；作业台面应有完善的安全防护设施，即所谓的"有台必有栏，有洞必有盖"，如图 5.8 所示。日常库区内，井盖丢失的现象很少发生，但破损后未及时更换或松动翘起后未及时复位的现象时有发生，在业务和管理活动中很容易造成人身伤害。

图 5.8　有台必有栏，有洞必有盖

2）机械设备。粮食出仓作业机械设备的所有传动和转动部位都应具有完好的安全防护装置，即所谓的"有轴必有套，有轮必有罩"，如图 5.9 所示；现场停放的机械设备应进行有效苫盖，在雨雪过后，应谨防机械设备漏电。

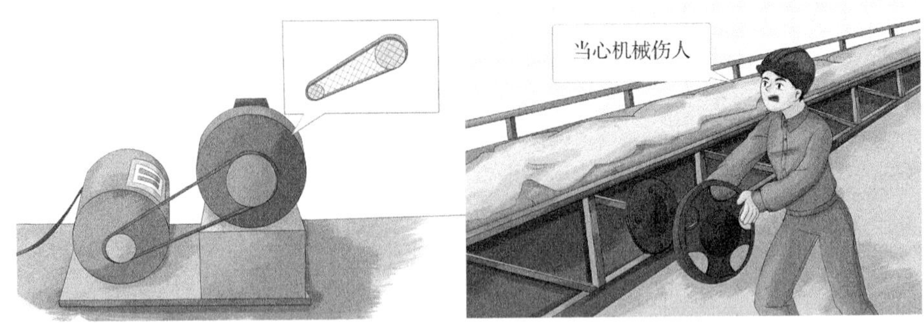

图 5.9　有轴必有套，有轮必有罩

3）作业空间。作业人员应加强对作业场所四周及上方的检查，对突出的障碍物、可能的坠落物（图 5.10）、可能的倒塌物，以及可能的带电物等采取有效的提示、警示或处置措施，避免造成作业人员人身伤害。

图 5.10　高空坠物

5.5　粮油出仓安全生产事故的案例分析

5.5.1　触电伤亡事故

1. 移动设备造成的事故

某粮油仓储企业，在胶带输送机推移途中，输送机机头碰到库区内 6.6 万伏高压线（图 5.11），致 4 人当场触电身亡。

【原因分析】

常用的胶带输送机机长为 15m，有的长达 20m。输送机机头可以升高到 6.5m，后者可达 8.5m；库区上空的高压输电线架设高度偏低；未能按规定将输送机降低到最低高度状态后再移动，移动过程中也未注意观察机架是否碰撞建筑物或电力设施。

图 5.11　输送机触碰高压线

2. 设备漏电造成的事故

某国有粮油仓储企业组织进行钢板仓出仓作业。由于是连续作业，前一天作业暂停后，带式输送机未及时移回。当夜，天降小雨。次日早晨装卸工人继续出仓作业。在接通输送机电源后，其中 1 名工人接触到输送机架，当场触电身亡。

【原因分析】

在出仓作业暂停后，输送机未及时移回；夏季多雨，现场摆放的机械设备未采取防雨措施（尤其是电器部位）；明知夜间曾经下雨，在作业前未对机械进行漏电检查。

5.5.2　设备设施倾倒造成的事故

1. 机械设备倾倒事故

某粮库进行稻谷清理杂质作业。在作业车辆倒车过程中碰倒输送机，造成 1 人死亡，如图 5.12 所示。

图 5.12　输送机倒塌伤人

【原因分析】

作业流程混乱，缺乏现场管理及防护措施；相关人员对车辆疏导不利，对运粮车高度估计不足。

2. 隔墙倒塌埋人事故

某仓库 7 名工人在实施出仓作业过程中，隔墙突然倒塌，4 名工人被埋压在粮堆下，1 人当场死亡，3 人经抢救无效死亡，如图 5.13 所示。

图 5.13　隔墙倒塌埋人事故

【原因分析】

1）企业未按规定程序委任有资质的单位进行设计、施工，自行在仓内增设隔墙。

2）出租仓房、租赁仓房企业均未尽到安全生产监管职责，在工人出仓作业时，未采取任何安全措施；任何一方均未派人在现场监督工人作业，监管不到位。

3）企业未对作业人员进行安全生产培训，作业工人缺乏基本的安全生产知识和意识。

5.5.3　粮堆埋人事故

1. 土圆仓埋人事故

某粮油仓储企业进行土圆仓出仓倒运作业。在输送机未断电仍在进行装车作业的情况下，1 名工人攀爬进入囤内平仓，被正在下沉的玉米掩埋，经抢救无效死亡，如图 5.14 所示。

【原因分析】

1）人员进出前，未停止出仓作业，未关闭土圆仓出粮口。

2）人员进仓时，未采取任何安全防护措施。

2. 平房仓埋人事故

某企业在平房仓进行小麦出仓作业过程中，1 名作业人员站在粮面上拆除挡粮板时，粮面下陷被掩埋致死，如图 5.15 所示。

图 5.14　土圆仓埋人事故

图 5.15　平房仓埋人事故

【原因分析】

1）作业人员未系安全带，违章作业。

2）仓房没有系留装置、没有监护人员。

3）作业过程中，出粮口处于打开状态，扩大了粮堆坍塌的范围。

4）作业人员对粮食散落性的危险不了解，安全意识淡薄。

3. 浅圆仓事故

某企业正在进行浅圆仓出仓作业。1 名作业人员入仓处置板结大豆，不慎坠入浅圆仓卸粮口并进入浅圆仓设备系统而身亡，如图 5.16 所示。

【原因分析】

1）违规作业，作业人员缺乏安全生产意识。

2）作业时，作业人员没有实行任何安全保障措施。

图 5.16　浅圆仓事故

5.5.4　高处坠落事故

1. 输送机坠落事故

某企业在进行集装箱装粮出库作业过程中，1 名仓储管理人员通过爬输送机查看箱内情况，到达中部偏上位置时，输送机晃动造成人员坠落、当场死亡，如图 5.17 所示。

图 5.17　输送机坠落事故

【原因分析】

安全意识淡薄，对生产作业规定明知故犯，违规在输送机上行走，进行高空危险作业，且未采取任何保护措施。

2. 平房仓事故

某粮库在进行平房仓入仓作业时，某作业人员通过输送机爬到平房仓入粮口引发事故而身亡。

【原因分析】

工人违反生产作业规定，进行高空危险作业。

本 章 小 结

粮油出仓是粮油仓储企业生产安全事故的易发环节，应重点加强粮食出仓前准备、作业环境、机械设备准备、连接电源、检查机械设备、机械设备启动及运行、开始出仓、出仓过程中、出仓后清理等主要生产作业环节的危险源识别，采取有效的安全预警防范，消除隐患。

第三篇

粮油仓储企业
专项作业安全生产技术

第 6 章　粮油仓储企业火灾预防

6.1　基 本 知 识

6.1.1　相关概念

1. 燃烧

燃烧是指可燃物与氧化剂发生的一种氧化放热反应，通常伴有光、烟或火焰。

2. 着火

着火是指可燃物与火源接触能燃烧，并且在火源移去后仍能继续燃烧的现象。

3. 火源

火源是指能引起可燃物质燃烧的热能。

4. 燃点

燃点是指可燃物发生着火的最低温度。

5. 自燃点

自燃点是指可燃物在没有外部火花和火焰的条件下，能自动引燃和继续燃烧的最低温度（不论是固态还是气态）。

6. 燃烧三要素

燃烧三要素指可燃物、助燃物及火源。有焰燃烧一定存在自由基的链式反应这一要素。

6.1.2　燃烧及火灾过程

燃烧及火灾过程通常可分为初期、旺盛期与衰退期 3 个阶段，也可分为初起、发展、猛烈、下降、熄灭 5 个阶段，如图 6.1 所示。

可燃物燃烧通常在蒸汽或气体状态下进行。由于可燃物状态不同，其燃烧过程的特点也不同：气体——达到所需热量→迅速燃烧；液体——蒸发→氧化分解→燃烧；固体（简单物质）——熔化蒸发→燃烧，固体（复杂物质）——分解气态液态产物→燃烧。

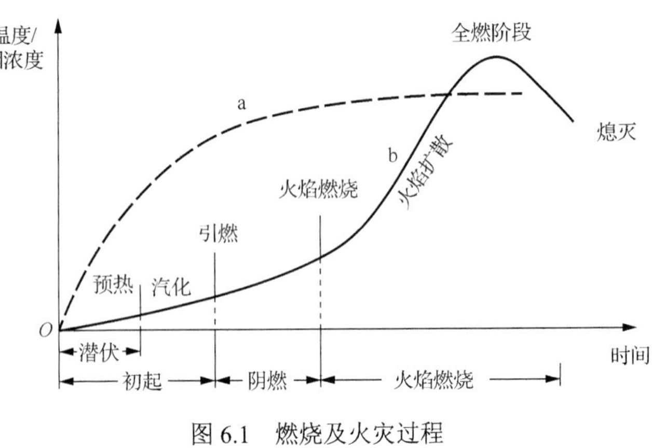

图 6.1　燃烧及火灾过程

a. 烟雾浓度曲线；b. 环境温度曲线

6.1.3　火灾分类与等级

1. 火灾分类

依据可燃物类型和燃烧特性，国家标准 GB/T 4968—2008《火灾分类》将火灾分为以下 6 类。

A 类火灾：固体物质火灾。这种物质通常具有有机物质性质，一般在燃烧时能产生灼热的余烬。例如，木材、煤、棉、毛、麻、纸张等造成的火灾。

B 类火灾：液体或可熔化的固体物质火灾。例如，煤油、柴油、原油、甲醇、乙醇、沥青、石蜡等引起的火灾。

C 类火灾：气体火灾。例如，煤气、天然气、甲烷、乙烷、丙烷、氢气等引起的火灾。

D 类火灾：金属火灾。例如，钾、钠、镁、铝镁合金等引起的火灾。

E 类火灾：带电火灾。物体带电燃烧引起的火灾。

F 类火灾：烹饪器具内的烹饪物（如动植物油脂）引起的火灾。

2. 火灾等级

根据《生产安全事故报告和调查处理条例》，公安部发布《关于调整火灾等级标准的通知》（公消〔2007〕234 号），将火灾等级标准调整为特别重大火灾、重大火灾、较大火灾和一般火灾 4 个等级。

1）特别重大火灾，是指造成 30 人以上死亡，或者 100 人以上重伤，或者 1 亿元以上直接财产损失的火灾。

2）重大火灾，是指造成 10 人以上 30 人以下死亡，或者 50 人以上 100 人以下重伤，或者 5000 万元以上 1 亿元以下直接财产损失的火灾。

3）较大火灾，是指造成 3 人以上 10 人以下死亡，或者 10 人以上 50 人以下重伤，或者 1000 万元以上 5000 万元以下直接财产损失的火灾。

4）一般火灾，是指造成 3 人以下死亡，或者 10 人以下重伤，或者 1000 万元以下直接财产损失的火灾。

6.1.4　灭火的基本方法

燃烧及其延续必须具备可燃物、助燃物和火源 3 个基本条件，如果其中任何一个条件受到阻碍，火就会熄灭。防火、灭火的基本原理和一切防火措施都是为了破坏已经产生的燃烧条件，即除掉造成燃烧的 3 个条件中的任何 1 个条件，使火熄灭。基于这个道理，灭火基本方法有冷却灭火法、窒息灭火法、隔离灭火法、遮断灭火法、分散灭火法。

1. 冷却灭火法

冷却灭火法是将灭火剂直接喷射到燃烧的物体上，使物体的温度低于燃点，使燃烧停止。冷却灭火法是灭火的一种主要方法，常用水和二氧化碳作为灭火剂。这种方法属于物理灭火方法。

2. 窒息灭火法

窒息灭火法是阻止空气流入燃烧区，使燃烧物周围氧气含量立即减少，或用不燃物质冲淡空气，使燃烧物得不到足够的氧气而熄灭的灭火方法。在灭火过程中，除了用水使燃烧物窒息外，还可以使用沙子、湿棉被等。

3. 隔离灭火法

隔离灭火法是将正在燃烧的物质和周围未燃烧的可燃物质隔离或移开，中断可燃物质的供给，使燃烧因缺少可燃物而停止的灭火方法。

4. 遮断灭火法

遮断灭火法是将浸湿的麻袋、旧棉被等物品遮盖在火场附近的其他易燃物和未燃物上，防止火势蔓延的灭火方法。

5. 分散灭火法

分散灭火法是将集中的货物迅速分散、孤立火源的灭火方法，一般用于露天仓库，库内也可以采用。

分散灭火法的主要措施有控制可燃物、隔绝助燃物、消除着火源、阻止火势蔓延。

6.1.5 常用灭火剂

1. 灭火剂的种类

目前常用的灭火剂主要有水、二氧化碳灭火剂、干粉灭火剂及沙土。

1）水是使用最广泛的灭火剂，是主要灭火剂。水在灭火时有显著的迅速冷却和隔绝空气的窒息作用，能使某些物质的分解反应趋于缓和，减弱某些爆炸物品的爆炸能力。但水能导电，不能用于电气装备的灭火，也不能用于对水有剧烈反应的化学危险品的灭火，更不能用于比水轻、不溶于水的易燃液体的灭火。

2）二氧化碳灭火剂是以液态形式充入灭火器，当打开灭火器阀门时，液态二氧化碳会立即汽化，迅速蒸发成气体，体积扩大约 500 倍，筒内温度急剧下降。灭火时，二氧化碳从储存容器中喷出，迅速汽化的二氧化碳气体可以降低氧浓度，产生窒息作用，并且从周围吸收部分热量，起到冷却的作用而灭火。

3）干粉灭火剂是一种干燥的、易流动的并具有很好防潮、防结块性能的固体粉末，又称为粉末灭火剂。目前分为普通干粉灭火剂（又称 BC 干粉灭火剂）与多用途干粉灭火剂（又称 ABC 干粉灭火剂）。

4）沙土是一种廉价的灭火物质，起隔绝氧气的作用，其覆盖在燃烧物上，可隔绝空气，从而熄灭火。

2. 灭火剂的使用范围

1）固体火灾，应先用水、ABC 干粉灭火器进行扑救。

2）液体火灾，应先用干粉、二氧化碳灭火器进行扑救。

3）气体火灾，应先用干粉、二氧化碳灭火器进行扑救。

4）带电物体火灾，应先用二氧化碳、干粉灭火器进行扑救。

5）扑救金属火灾的灭火器材，应由设计部门和当地消防救援局协商解决，目前中国还没有定期型的灭火器产品。

6.1.6 常用灭火器

灭火器是一种轻便、易用的消防器材，其种类很多。

1）按移动方式，灭火器可分为手提式和推车式。

2）按驱动灭火剂的动力来源，灭火器可分为储气瓶式、储压式、化学反应式。

3）按所充装的灭火剂，灭火器可分为干粉灭火器、二氧化碳灭火器等。粮食行业通常配备干粉灭火器和二氧化碳灭火器。

1. 干粉灭火器

1）干粉灭火器的灭火机理：抑制燃烧反应原理。

2）干粉灭火器的适用范围：扑灭油类，可燃、易燃液体、气体，带电设备，木材，纸张，纺织纤维，废物等引起的火灾。干粉灭火器具有无毒、无腐蚀、灭火速度快的优点。

3）干粉灭火器的使用方法：选择上风方向喷射。先拉下开启提环，随即提起灭火器，在距燃烧物 3～5m 处，压下压把，干粉即从喷嘴喷出。干粉灭火器在扑救可燃、易燃液体引起的火灾时，应对准火焰根部扫射。

2. 二氧化碳灭火器

1）二氧化碳灭火器的灭火机理：冷却灭火原理。

2）二氧化碳灭火器的适用范围：可燃、易燃液体、气体，带电设备，木材，纸张，纺织纤维，废物等引起的火灾。

3）二氧化碳灭火器的使用方法：距燃烧物 3～5m 处，放下灭火器拔出保险销。喇叭筒往上扳 70°～90°。一手握住喇叭筒根部的手柄，另一只手紧握启闭阀的压把。在室外使用二氧化碳灭火器时，应选择在上风方向喷射；在室内窄小空间使用二氧化碳灭火器时，灭火后操作者应迅速离开，以防窒息。不能直接用手抓住喇叭筒外壁或金属连线管，以防手被冻伤。

6.2 火灾危险源与隐患识别

6.2.1 火灾危险源的识别

要使可燃物质引起化学变化而发生燃烧，需要有足够的热量和温度，各种不同的可燃物质燃烧时所需要的温度和热量各不相同。火灾危险源是指发生火灾的根源，主要指物。

1. 火源方面

火源分为直接火源与间接火源。直接火源包括明火、火花、雷电；间接火源包括受热自燃与本身自燃。

（1）直接火源

粮油仓储企业经常涉及的主要直接火源如下。

1）明火，是指生产、生活用的炉火、喷灯火及焊接、气割时的动火，包括灼热铁屑、高温金属及金属打磨火花，粮食烘干中采用的明火作业，以及火柴、打火机的火焰及未熄灭的烟头等。

2）火花，是指电介质相互摩擦、剥离或金属摩擦产生的电火花，它能引起可燃物质起火，包括火花放电、刷形放电、电晕放电、料堆放电、人体静电、静电积累等。例如，电路开启、切断，保险丝熔断，电气线路超负荷、短路、接触不良等引起的火花。

3）雷电，是指瞬时间的高压放电，能引起任何可燃物质的燃烧，分为直接雷击和感应雷电。

（2）间接火源

粮油仓储企业经常涉及的主要间接火源如下。

1）受热自燃，是指易燃物品靠近高温物体表面被烤焦起火等，包括遇火燃烧及与其他接触性物质接触起火。例如，加热设备、散热器、干燥柜、电机、机械热表面，供暖设备、供暖管线，汽车排气管、烟囱火星，电炉丝、电热器、电灯泡，红外线灯、电熨斗，燃煤残渣等。

2）本身自燃，是指在既无明火又无外来热源的条件下，物品本身自行发热，燃烧起火，如阴燃粉尘团。

2. 可燃物方面

1）存储物料，包括粮食、油料、油脂，稻壳、麦麸，下脚料及有机杂质等。

2）包装物，包括纸袋、麻袋、化纤袋、麻绳、纸质标签等。

3）储粮设施，包括砖木结构仓房、席茓囤、苫布、垫木、非阻燃的仓房保温材料。

4）维修室，包括维修室中的机油、柴油。

5）化验室，包括乙醇、乙醚、甲烷等有机溶剂，磷化铝等化学药剂，烘箱、烤箱、实验磨等实验设备。

6.2.2 火灾隐患的识别

火灾隐患是指发生火灾的危险状态和管理上的缺陷，通常发生在设备设施维护保养不到位、缺乏安全保护设施等方面。

1. 机械设备

机械设备方面的主要火灾隐患：设备存在故障、检修维护不到位，而使其长时间处于非正常作业状况，“带病”运行；作业人员在设备使用中操作不慎，随粮食进入高速旋转机器设备中的金属碎片或异物产生火花；作业人员使用易产生火花的工具，在储粮区修理设备、车辆或加油，用汽油擦洗零部件等违规作业。

2. 电气设备

电气设备方面的主要火灾隐患：电力设施超负荷运行；电气（电器）设备老化、故障；电气设备短路、漏电或缺相运行；电气线路接触不良，接头松动；电线陈旧，绝缘层破损、互相缠绕；电缆强度不足，因环境因素而被破坏；使用不符合规格的保险丝和电线；临时电源违章搭接；使用的灯具不符合所在区域的要求；储粮区内违章使用电炉、电烙铁、电热器等。

3. 粮食烘干

粮食烘干作业是粮食仓储部门处理高水分粮食的主要作业方式，使用不慎也容易导致火灾。因换热器破漏，明火直接进入烘干机引起火灾；杂质过多造成堵塞、局部堵塞，物料长时间被高温气体烘干而引起火灾。

4. 化学药剂

化学药品药剂方面的主要火灾隐患：药品库屋顶渗漏、泄漏、静电；化学药品处理不当，残渣收拾处置方法不合理。

5. 安全生产管理

安全生产管理方面的主要火灾隐患：外来火种和易燃品因检查不严带入库区；在库区吸烟；储粮区内未经批准擅自动用明火作业；冬季取暖使用炉火设置不当或管理不严；未执行分区分类而将易燃易爆等危险品存入一般库房；易燃物未及时清理；储存场所的温湿度超过物品规定极限；可自燃物品堆码过实，通风散热散潮不好；消防水带覆盖面有空白区等。

6.3 火灾事故预警防范

6.3.1 安全管理

1. 防火组织制度

根据“预防为主、防消结合”的工作方针，应建立四级（即行政管理部门、粮油仓储企业、部门车间、具体工位）管理制度。粮油仓储企业应认真贯彻执行消防法规和有关消防工作的指示，根据生产区域划分消防责任区，确定消防安全重点部位、安全负责人。

2. 消防安全责任制

落实消防安全责任制，严格遵守《安全生产法》《消防法》《危险化学品安全管理条例》等法律法规，切实提高粮油仓储企业对安全消防工作的认识，增强责任意识和安全意识，落实消防安全责任制。

实行消防安全责任制，确定本单位各部门、各岗位消防安全责任人。本着"管生产必须管安全，谁主管谁负责"的原则，粮油仓储企业的主要负责人是企业安全生产的第一责任人，对本单位安全负有全面责任。切实加强安全管理工作的领导，采取必要的预防措施，防止事故的发生。按照"有岗必有责"的原则，制定切实可行的安全生产责任制，形成"一级抓一级，层层抓落实"的体制。签订消防安全目标责任书，对企业消防安全责任制落实情况进行检查评估。

3. 消防工作职责

根据本企业的生产实际，组织制定企业消防安全制度、消防安全操作规程，建立消防安全档案，各项消防安全规章制度要落到实处。保证安全生产资金的投入。针对本企业的特点，按工作计划对职工进行消防宣传教育培训，加强对违规违章操作人员的管理和查处。

组织安全生产工作，开展防火检查，及时消除火灾隐患。实行每日防火巡查并记录，重点部位做到定点、定人、定措施。严格人员、车辆进出的登记查问制度、火种管理制度、动用明火制度、货物进出仓检查制度、货物堆放制度、巡查制度。特殊工种人员要持证上岗。

按照国家有关规定，配置消防设施和器材，设置消防标志；制定安全防火应急预案，定期组织消防演练；建立安全生产工作定期检查制度和信息发布制度，完善安全生产技术标准和管理制度。

4. 安全防火"四个能力"建设

安全防火"四个能力"建设的主要内容：提高检查消除火灾隐患的能力；提高组织扑救初期火灾的能力；提高组织人员疏散逃生的能力；提高消防宣传教育培训的能力。

5. "四个不放过"原则

"四个不放过"原则的内容：事故原因未查清不放过；责任人员未处理不放过；

有关人员未教育不放过；整改措施未落实不放过。

6.3.2　安全技术

《中华人民共和国消防法》明确规定，消防工作实行“预防为主、防消结合”的工作方针。预防为主就是要把预防火灾的工作放在首位，任何单位和个人都必须遵守消防法规，做好消防工作，消除火灾隐患。“防”和“消”是相辅相成的两个方面，缺一不可。

1. 严格按照国家规范的要求进行设计和投入使用

在粮油仓储企业的设计和建设过程中，要严格按照消防技术规范和标准，做好消防安全“三同时”建设，即对消防设施同时设计、同时施工、同时投产使用。

充分考虑建筑物的总体布局、耐火等级、防火间距、防火分区和防火分隔措施，落实消防水源和室内外消防给水系统，从安全角度，防止火灾发生和控制灾害的发展。

在设计过程中，要考虑储存量大、消防用水量大和一旦发生火灾就有发生重大火灾的可能，重点规划布置库区的防火间距、消防车道、消防水源、堆垛间距等。

2. 严格按照国家规范的要求设置仓库的电气线路

粮食仓库属于丙类物资仓库，电气线路应穿金属管或用不燃型的硬质塑料管固定敷设，按规范要求选用照明灯具。库房内不得设置移动照明，配电线路与货垛之间应按规范保持足够的防火间距，不得在堆垛上方架设临时线路。

防爆区域内应采用防爆电器和防爆照明灯具，电气线路必须按照防爆要求进行敷设。

3. 加强消防设施的维护与保养

要保证消防资金的投入，加强消防设施的日常维修保养，提高消防设施的合格率和完好率，使其处于良好的性能状态。按照国家规范，设置安装避雷装置，在每年雷雨季节前委托有资质的单位进行测试，保证其避雷系统完好有效。

4. 加强危险物品仓库的消防安全评价

通过消防安全评价，如实反映危险物品仓库的消防安全状态，预先发现、识别可能导致事故发生的危害因素，以便在事故发生前采取消防和控制措施，从而保障危险物品仓库的安全。

6.3.3　安全教育

1. 安全教育的主要目的

安全教育的主要目的是强化职工的安全意识，使其具备相应的安全知识，形成科学的安全观，领会安全生产的方针政策，执行和遵守安全法规制度纪律，掌握安全管理知识和安全技术及操作技能、事故处置方法、防护知识等。安全教育可分为各级管理人员安全教育和全体职工安全教育。

企业管理人员特别是上层管理人员对企业的影响是重大的，其管理水平的高低、安全意识的强弱、对安全的重视程度，直接决定企业的安全状态，因此，安全生产管理人员必须熟悉国家安全生产方针、政策、法律、法规、标准，增强安全生产意识和法制观念，掌握安全生产基本知识，具有一定的安全生产管理和决策能力。

2. 三级安全教育

三级安全教育主要是指新入职和在职职工的企业级安全教育、部门级安全教育和岗位（工段、班组）级安全教育。它是企业安全生产教育制度的基本形式。

（1）企业级安全教育

企业级安全教育的内容如下。

1）通过讲解安全生产的意义、任务、内容和重要性，职工树立起“安全第一”和“安全生产，人人有责”的思想。

2）介绍企业的安全概况，包括企业安全工作发展史、企业生产的特点、设备分布情况（重点介绍接近要害部位和特殊设备的注意事项）、企业安全生产的组织。

3）介绍国家颁布的各项相关条例，企业内设置的各种警告标志和信号装置等。

4）介绍企业典型事故案例和教训，抢险、救灾、救人常识及工伤事故报告程序等。

5）企业级安全教育一般由企业安全技术管理部门负责。

（2）部门级安全教育

部门级安全教育的内容如下。

1）介绍企业概况、部门特点、人员结构、安全生产组织状况及活动情况，危险区域、有毒有害工种的情况，劳动保护方面的规章制度和对劳动保护用品的穿戴要求和注意事项，事故多发部位、原因、特殊规定和安全方面的要求。介绍常见事故，对典型事故案例进行剖析；介绍安全生产中的好人好事、文明生产方面的具体做法和要求。

2）根据粮油仓储企业的特点对新员工进行安全技术知识教育，介绍安全生产技术基础知识、劳动纪律、防护用品使用、安全防护措施等。

3）介绍防火知识，包括防火方针、易燃易爆品情况、防火要害部位及防火特殊需要、消防用品放置地点、灭火器性能及使用方法、消防组织情况、遇到火险如何处理等。

4）组织新职工学习安全生产相关文件、安全操作规程制度，要求听从指挥，安全生产。

5）部门级安全教育由部门领导或安全技术人员负责。

（3）岗位（工段、班组）级安全教育

岗位（工段、班组）级安全教育的内容如下。

1）讲解岗位（工段、班组）生产特点、作业环境、危险区域、设备状况、消防设施等；重点介绍高温、高压、易燃易爆、有毒有害、腐蚀、高处作业等方面可能导致发生事故的危险因素，对容易发生事故的部位和典型事故案例进行剖析。

2）讲解具体作业工种安全操作规程和岗位责任，重点讲解思想上要时刻重视安全生产，自觉遵守安全操作规程，爱护和正确使用机器设备和工具；介绍各种安全活动，以及作业环境的安全检查和交接班制度；介绍出现事故或发现事故隐患时，应及时报告领导，以及应采取的措施。

3）讲解如何正确使用、爱护劳动保护用品，以及文明生产的要求；强调女性工人进入工作区域要戴好工帽；进入施工现场和高处作业，必须戴好安全帽、系好安全带；工作场地要整洁，道路要畅通，物件堆放要整齐等。

4）实行安全操作示范，组织重视安全、技术熟练、富有经验的职工进行安全操作示范，边示范、边讲解；重点讲解安全操作要领，说明怎样操作是安全的，说明不遵守操作规程将会造成的严重后果。

6.3.4　安全措施

1. 火源管理措施

1）仓库应当在醒目部位设置“严禁烟火”“禁止吸烟”等防火标志，提醒所有人员随时注意严禁烟火。

2）仓库的生活区和生产区要严格划分隔开，并在区分处设警卫，对外来人员要做好宣传，动员他们交出火柴、打火机等火种，由门卫负责保管，防止把火种带入库区。

3）对外来车辆要严格检查，防止汽油、柴油、易燃易爆物品进入仓库。如有这类物品，可放置于库外的易燃品暂存处，由专人负责管理。

4）库房内严禁使用明火。库房外动用明火作业时必须办理动火证，须经单位防火负责人批准，并采取有效的安全措施。动火证应注明动火地点、时间、动火人、现场监护人、批准人和防火措施等内容。

5）库房内不准使用火炉取暖。企业要制定炉火管理制度，严格进行管理和检查。仓库需要使用炉火取暖时，须经仓库防火负责人批准，未经批准一律不许生火取暖。

2. 货物储存管理措施

1）库存货物必须进行分区分类管理。《仓库防火安全管理规则》规定，按照火灾危险程度的不同，货物可分为甲、乙、丙、丁、戊 5 类。在分区分类储存的同时，还应在仓库的醒目处标明库存货物的名称、主要特性和灭火方法。严禁性质互抵货物、有污染或易感染货物、食品与毒品、容易引起化学反应的物品、灭火方法不同的物品，相互混存。

2）库存货物要进行合理的堆码苫垫，对能发生自燃的货物要注意通风，防止货物因积热自燃。

3）露天储存货物要苫严垫实，防止水湿或阳光暴晒。按要求留出防火间距，总储存量和建筑物之间的防火距离必须符合国家标准 GB 50016—2014《建筑设计防火规范》（2018 版）要求。

4）对于有温湿度极限的货物，严格按规定安排适宜的储存场所，设置专用仪器定时检测。

5）货物在入库前，要进行严格的检查和验收，确定无火种隐患后方可入库。

3. 搬运装卸管理措施

1）进入库区的所有机动车辆必须安装防火罩，防止排气管喷射火花引起火灾。

2）汽油车、柴油车在原则上一律不准进入库房。进入易燃易爆区域库房的电瓶车、电瓶叉车必须是防爆型的，必须装有防火花溅出的安全装置。

3）各种机动车辆装卸货物后，不准在库区停放和修理。

4）各种搬运机械设备要有专人负责、专人操作，严禁非司机开车。库内固定装卸设备需要维修时，应采取安全措施，经主管领导批准后方可进行。

5）装卸作业结束后，应对库区、库房和操作现场进行检查，确认安全后方可离人。

4. 电气管理措施

1）粮油仓储企业的电器设备必须符合国家现行的有关电气设计和施工、安装、验收标准规范的规定。必须符合物料性质的安全规定，禁止使用不合格的保险装置。粮油仓储企业的电器设备，必须由持合格证的电工进行安装、拆检、修理和保养。电工要遵守各项电器操作规程，严禁违章作业。

2）所有电线应规格正确、足够绝缘、正确连接且不含有害物。所有电线应安装正确并有足够支撑与保护，以防绊脚、碰头或正常操作设备时绊倒。所有电器设备的线路应有接地或可靠绝缘措施。所有接线盒、电源插座及控制板不得裸露，可随时使用并无障碍物阻塞。所有易燃易爆物品仓库内的电器设施、开关和线路应适用于危险场所操作（如防爆电气）。

3）磨损或裸露的电线均不得使用，电器设备应定期检查、维修并做记录，应由有资质的电工检查与维修电力系统。接地和可靠绝缘措施可确保防护设施正常工作。只能使用合格的电器设施、插头、断路器和其他电气设备，禁止使用不适当的临时接线。避雷系统可保护电器线路、电器设备，防止火灾。易燃液体储存罐应有接地措施，在分装或运输时应有可靠接地措施，以防止产生静电。

4）库房内不准设置移动式照明灯具，必须使用时，需报安全部门批准，并有安全保护措施。库房内敷设的配电线路，需穿金属管或用非燃性硬塑料管保护。库房内不准使用电炉、电烙铁、电熨斗、电热杯等电热器具和电视机、电冰箱等家电用品。对使用电刨、电焊、电锯的要严格管理，必须制定安全操作规程和管理制度，并报消防部门批准，否则不得使用。

5）电器设备的周围和架空线路的下方，严禁堆放货物。对输送机、升降机、吊车、叉车等机械设备易产生火花的部位，电机、开关等受潮后易出现短路的部位，要设置防护罩。必须按照国家有关防雷规定设置防雷装置，并定期检测，以保证有效。对影响防雷装置效应的高大树木和障碍，要按规定及时清理。

6.3.5　动火管理

1. 动火作业分级

动火管理是为防止火灾和爆炸事故发生，确保人民生命和国家财产安全而制定的规章制度，可使防火安全管理工作落到实处。动火管理建立动火审批制度。粮油仓储企业动火作业一般可分为一级动火与二级动火。

（1）一级动火

一级动火是指在重点火灾危险区域内的动火作业，包括禁火区内，以及大型油罐、油箱、油槽车和可燃液体及相连接的辅助设备、受压容器、密封器、地下室，还有与大量可燃易燃物品相邻的场所。

一级动火必须由要求进行焊接、切割作业部门的主要负责人填写动火申请表，报企业主管防火工作的保卫（或安全）部门审批。如需在特别危险场所或部位动火，由企业主要负责人召集主管安全技术、保卫工作的负责人以及安全技术、保卫、生产、技术、设备等部门的领导，共同讨论制定动火方案和安全措施，由企业主要负责人和主管防火工作负责人及安全生产部门负责人签字，方能执行动火。

（2）二级动火

二级动火是指具有一定危险因素的非动火区域，或小型油箱、油桶、小型容器及高处焊割的动火作业等。

二级动火由要求进行焊接、切割作业部门的主要负责人填写申请表，经单位负责防火部门现场检查，确认符合动火条件并签字后，交动火人执行动火作业。

2. 动火作业实施

申请动火的部门在申请动火前，必须负责组织和落实对要动火的设备、管线、场地、仓库及周围环境，采取必要的安全措施，才能提出申请。

动火作业前，相关部门必须详细核对动火批准范围。在动火作业时，动火执行人必须严格遵守安全操作规程，检查动火工具，确保其符合安全要求。未经申请动火，没有动火证、超越动火范围或超过规定的动火时间的，动火执行人应拒绝动火。在动火作业期间发现情况变化或不符合安全要求的，有权暂停动火，及时报告领导研究处理。

企业领导批准的动火作业，要由安全生产部门指派现场监护人。部门领导批准的动火作业（包括经安全生产部门审核同意的），由部门指派现场监护人，监护人在动火期间不得离开动火作业现场。监护人应由责任心强、熟悉安全生产的人担任，动火作业完毕后，应及时清理现场。

一般检修动火作业，一次不得超过 1d，特殊情况可适当延长。隔日动火作业，申请部门一定要复查。较长时间的动火作业（如基础设施建设、大修等），施工主管部门应制订动火计划书（确定动火范围、时间及措施），按有关规定分级审批。

动火安全措施，应由申请动火作业的部门负责完成，如需施工部门解决，施工部门有责任配合。

动火地点对邻近部门有影响的，应由申请动火的部门负责人做好相关工作，确保安全。

3. 防范措施

1）应使用符合国家有关标准、规程要求的气瓶，在气瓶的贮存、运输、使用等环节中应严格遵守安全操作规程。在气焊、气割的工作过程中，应按规定放置气瓶，作业前按要求检查焊割炬、橡胶管路和气瓶的安全装置。

2）焊接切割作业时，应将作业环境 10m 范围内所有易燃易爆物品清理干净，应注意作业环境的地沟、下水道内有无可燃液体和可燃气体，以及是否有可能将可燃易爆物质泄漏到地沟和下水道内，以免焊渣、金属火星引发灾害事故。

3）焊接切割作业时，尤其是气体切割时，由于使用压缩空气或氧气流的喷射，火星、熔珠和铁渣四处飞溅，较大的熔珠和铁渣能飞溅到距操作点 5m 以外的地方。

4）高处焊接切割时，还应按高处作业的安全要求进行。禁止乱扔焊条头，对焊接切割作业下方应进行隔离，对火星所及的范围内的易燃易爆物品要清理干净。作业完毕时应进行认真细致的检查，确认无火灾隐患后方可离开现场。

6.3.6　消防器材配置

1. 消防设施与器材配置原则

粮油仓储企业应当按照国家有关消防技术规范，设置、配备消防设施和器材。消防设施包括消防水塔、消防水泵、消防水池、消防供水管道、消防栓和消防车等。消防器材主要是各种类型的灭火器、灭火沙箱、灭火水罐（桶）、灭火斧、灭火钩、灭火锹等。消防设施和器材的配置应遵循以下原则。

1）应视其生产作业的规模、地理条件、储存货物性质及储存数量等具体情况，按规定标准配置一定的消防设施和器材，以便发生火情时，及时扑灭。

2）应按规定建立专、兼职消防队，配备消防车辆、消防水带、消防水枪、分水器、消防梯等随车装备。

3）在企业内部，应设有消防水源、消防栓（消防龙头）、消防水池或消防水缸等，并按规定配备消防水带、消防水枪、分水器、消防水桶、消防斧、消防铣、消防火钩、砂土袋等消防器材。远离城镇的仓库或山区仓库可根据具体情况和条件，建设吨位不等的消防水塔。

4）在企业周围，也应设置一定数量的灭火器材。

2. 消防设施与器材管理

1）合理配置消防器材与设施。全面了解和掌握企业消防责任区的基本情况，对责任区进行广泛深入的调查，切实摸清底数、掌握实情。认真登记，建立责任区基本情况档案台账，并定期进行核实，每年核实 1～2 次，确保情况真实、数据准确。

2）消防设施器材应当由专人管理，负责检查、维修、保养、更换和添置，并保证完好有效，严禁圈占、埋压和挪用。

3）消防器材应当设置在明显和便于取用的地点，周围不准堆放物品和杂物。消防器材设备，特别是对消防栓、手提灭火器等要进行定期检查，确保各类器材和装置处于良好状态。

4）库区的消防车通道、仓库安全出口、疏散楼梯、楼道、库房内通道，要时刻保证畅通，任何人不得占用或封堵，严禁在通道上停放车辆和堆放物品。

5）专业大型仓库，应当安装监控装置、自动报警装置。

6）地处寒带的仓库，在冰冻季节要对消防池、消防缸、消防栓、灭火器等设备采取防冻措施，要保证随时能用。消防器材不能上锁。

6.3.7　灭火器报废

根据国家标准 GA95—2015《灭火器维修》、国家标准 GB 50444—2008《建筑灭火器配置验收及检查规范》的相关规定，对达到使用年限的灭火器及不符合规定的灭火器材，应及时进行报废处理。灭火器报废年限如表 6.1 所示。

表 6.1　灭火器报废年限

灭火器类型	报废年限/年
水基型灭火器	6
干粉灭火器	10
洁净气体灭火器	10
二氧化碳灭火器	12

已淘汰的灭火器有酸碱型灭火器、化学泡沫型灭火器、倒置使用型灭火器、氯溴甲烷灭火器、四氯化碳灭火器，以及国家政策明令淘汰的其他类型灭火器。

灭火器应报废的情况有筒体严重锈蚀、锈蚀面积大于等于筒体的 1/3、表面有凹坑，筒体明显变形、机械损伤严重，没有生产厂名称和出厂年月，筒体有锡焊、铜焊或补缀等修补痕迹，被火烧过。

6.4　火灾事故应急处置

6.4.1　应急处置原则

粮油仓储企业要根据火灾发生的三要素，对火灾危险源及隐患进行全面排查。

火灾应急响应，按照救人重于灭火，先控制、后消灭，先重点、后一般的原则进行应急处置。先保护人身安全，再保护财产，使损失和影响减到最小。

6.4.2　应急处置的注意事项

发现火情，应先判明火灾部位，引起火灾物质的特性。发生火灾时，现场工作人员迅速向上级报告。指挥部接到报告后，根据事故情况采取应急措施，切断电源，组织员工疏散。若局部轻微着火，在不危及人员安全的情况下应马上扑灭；一般可燃物着火可用清水灭火；油类着火用二氧化碳或干粉灭火器扑灭。

火势开始蔓延扩大、不可能马上扑灭的，现场指挥者立即进行人员紧急疏散，报告企业负责人，并拨打 119 消防报警电话，通报单位名称、地址、火灾情况、着火物资、火势大小、联系电话等必要信息。拨打 119 消防报警电话后，派人在路口接应消防车。

6.4.3　不同作业的应急处置

1. 电气作业火灾的应急处置

由电器电路短路、老化及雷电引起火灾事故，在灭火时，需及时切断电源。

水能导电，对电气装备不能用水来灭火。一般带电设备的火灾，须用干粉灭火剂扑救。

2. 焊接作业火灾的应急处置

应判明火灾、爆炸的部位及引起火灾和爆炸物质的特性，迅速拨打火警电话。现场人员应及时采取有效方法控制火势的蔓延。局部着火的，可以先行扑灭。在不危及人员安全的情况下，组织周围人员参与灭火，防止火势蔓延扩大。灭火时，应采取防中毒、防倒塌、防坠落伤人等措施。

乙炔气瓶口着火时，设法立即关闭瓶阀，停止气体流出，火即熄灭。电石桶或乙炔发生器内电石发生燃烧时，应停止供水或与水脱离，再用干粉灭火器等灭火，禁止用水灭火。氧气瓶阀门着火时，只要操作者将阀门关闭，断绝氧气，火会自行熄灭。气体导管漏气着火时，应首先将焊割炬的火焰熄灭，并立即关闭阀门，切断可燃气体源，用灭火器、湿布、石棉布等扑灭燃烧气体。

电焊机着火时，应首先拉闸断电，再灭火。在未断电前只能用二氧化碳、干粉灭火器。

乙炔气着火时，可用二氧化碳灭火器、干粉灭火器扑灭，乙炔瓶内丙酮流出燃烧的，可用干粉、二氧化碳灭火器扑灭。

在事故紧急处理时必须由专人负责、统一指挥，防止混乱。为了便于查明起火原因，灭火过程中要尽可能地注意观察起火部位、蔓延方向等，灭火后应保护好现场。

3. 外来火源火灾的应急处置

外来火源、燃放鞭炮引发露天储粮囤垛或储粮资材火灾的，应及时进行初期灭火。外来火源火种所引发的火灾往往火势较为迅猛，通常会造成生命财产损失。因此，除靠自身报警器和自身灭火装置外，还应加大值班力度，认真巡逻检查，及时发现火情，一方面积极组织扑救，另一方面及时向 119 报警，将损失降至最低。

6.5　火灾预防的检查要点

6.5.1　检查方式

1）防火巡查。粮油仓储企业是消防安全重点单位，应组织每日防火巡查，建立值班、巡夜制度，认真做好值班巡查记录和交接班手续，特别是在节假日期间。防火巡查侧重日常动态消防安全管理情况，主要查看单位用火用电有无违章情况、安全出口和疏散通道是否畅通、安全疏散指示标志和应急照明装置是否完好、消防设施和器材是否保持正常功能、消防安全标志是否在位、常闭式防火门是否关闭严密、消防设施管理和值班人员是否在岗、单位作业结束后是否清除烟头等杂物。

2）定期防火检查。粮油仓储企业每月应当组织一次防火检查。防火检查侧重单位整体消防安全状况。重点检查火灾隐患整改及防范措施的落实情况、安全疏散通道和安全出口的状况、疏散指示标志和应急照明的情况、消防水源状况、消防设施和灭火器材的功能状况、重点工种人员及其他员工的消防知识掌握情况、消防安全重点部位的管理情况、消防控制室的值班情况和设施运行情况、防火巡查的开展情况等。

3）消防设施功能性检查。粮油仓储企业每年都要对消防设施功能进行全面测试。主要测试消防水泵启动状况、自备发电机切换功能、最不利点消火栓压力和出水量、手动和自动报警设施的动作情况、防烟排烟设施的启动情况、其他消防设施是否处于正常工作状态。

单位实施防火检查前，应确定检查人员、检查部位和检查内容。检查结束后，检查人员、被检查部门的负责人应在检查记录上签字，存入单位消防档案。

6.5.2　检查部位

1. 对火灾危险源的检查

对火灾危险源的检查包括：检查各种类别粮食的存储状态及包装物；检查储粮设施、机械设备、实验设备的润滑、保养状态；检查电器故障，线路老化、短路等；检查化验室各类有机溶剂、化学药剂的存储状态；检查维修及作业场所。

2. 对火灾隐患的检查

对火灾隐患的检查包括：检查运转部件的运行状态；检查电气设施的运行状态；检查静电接地的消除情况；检查烘干系统有无换热器破漏的情况；检查烘干

塔有无堵塞、局部堵塞的问题；检查药品库屋顶有无雨水渗漏的问题；检查化学药品的使用情况、残渣处置情况；检查火种带入作业区的情况；检查动火作业的管理情况，杜绝不合规的动火作业；检查通风除尘系统是否完好有效；检查设备设施避雷、除静电系统是否安全有效；检查现场粉尘沉积的情况；检查作业场所是否符合标准、规范要求；检查办公室内各类用电设施长期不关电源的状态。

3. 对制度建设方面的检查

检查粉尘清扫制度的执行情况；检查粉尘清扫记录台账；检查点火源的控制执行情况；检查应急预案制定情况；检查应急预案演练情况、培训情况及相关记录情况。

6.6 火灾事故案例分析

6.6.1 电气短路、线路老化导致火灾

1. 电气短路引发火灾

2013 年 5 月 31 日 13 时 16 分，中储粮黑龙江林甸直属库发生火灾。经全力扑救，所有明火于 6 月 1 日上午 9 时扑灭。没有人员伤亡。经查，此次火灾起火点位于 1 号、2 号露天垛南侧，共有 80 个储粮货位表层过火，过火仓位共储存粮食 5.14 万 t。经全力抢救，除露天垛表层过火粮食损失外，大部分粮食得以保全。此次火灾共造成粮食损失约 1000t。经当地消防部门初步认定，火灾造成粮食损失价值约 284 万元，储粮资材损失 23.9 万元，火灾直接损失共约 307.9 万元。

【原因分析】

公安部沈阳火灾物证鉴定中心对从火灾现场提取的粮食输送机配电箱等物证进行分析，最终查明起火原因为“穿过金属配电箱的导线与配电箱箱体摩擦，导线绝缘皮破损，短路打火，引燃配电箱附近可燃的苇席和麻袋”。

2. 电气线路老化引发火灾

2014 年 10 月 8 日凌晨 3 时 30 分，黑龙江中储粮海林直属库租赁的临储玉米罩棚仓发生火灾。后续调查结果显示，起火点源于同一院内的耐力木业公司木材加工车间，引发其紧邻的临储玉米罩棚仓着火。经估算，过火粮食约 400t，未造成人员伤亡。

【原因分析】

仓库电路老化。

6.6.2　粮食烘干作业违章引发火灾

1. 粮食烘干塔内堵塞引发火灾

2010年4月7日，某粮库烘干塔燃起大火，经报警，消防官兵到达火场。只见烘干塔被滚滚浓烟包裹，塔上部可见明火，火势处于初起阶段，塔内存放着约80t玉米。由于塔身很高，消防官兵在底部无法实施灭火，沿烘干塔的铁梯爬至塔上，以塔架为支点消灭塔顶火点；同时，组织其他官兵与粮库工作人员，将塔底部出粮门打开，组织疏转粮食。经过消防官兵的努力扑救，大火被彻底扑灭，成功保住了塔内80余吨粮食。

【原因分析】

着火原因是塔内有堵塞或局部堵塞，堵塞处的粮食长时间受高温气体的烘烤。

2. 换热器有漏点引发火灾

2010年4月20日，某粮库烘干塔发生大火，当消防官兵到达现场时，只见粮库上空被浓浓的烟气笼罩，火势已经突破烘干塔顶端将排风口引燃。灭火工作迅速展开，为将财产损失降到最低，消防官兵一边组织粮库职工把烘干塔底部泄粮口打开，将粮食转移到安全地带；一边用消防车对烘干塔实施冷却，将外部明火扑灭，当火势被完全扑灭时，塔内300t粮食也被安全转移，烘干塔除部分皮带被烧毁其余并无大碍，火场损失被降到了最低，没有造成重大损失。

【原因分析】

着火原因是换热器有漏点，明火进入烘干塔内。

本章小结

火灾是指在时间和空间上失去控制的燃烧所造成财物损失和人身伤害的灾害。在各种灾害中，火灾是经常、普遍地威胁公众安全和社会发展的主要灾害之一。人类能够对火进行利用和控制，是文明进步的一个重要标志。人类使用火的历史与同火灾做斗争的历史是相伴相生的，人们在用火的同时，也在不断总结火灾发生的规律，尽可能地减少火灾及其对人类造成的危害。

第 7 章　粮油仓储企业粉尘防爆

7.1　基 本 知 识

7.1.1　粉尘爆炸

粉尘爆炸是指粉尘在爆炸极限范围内，遇到热源（明火或温度），火焰瞬间传播于整个混合粉尘空间，化学反应速度极快，同时释放大量的热量，形成很高的温度和很大的压力，系统的能量转化为机械能及光和热的辐射，具有很强的破坏力。粉尘爆炸多发生在伴有铝粉、锌粉、铝材加工研磨粉、各种塑料粉末、有机合成药品的中间体、小麦粉、糖、木屑、染料、胶木灰、奶粉、茶叶粉末、烟草粉末、煤尘、植物纤维尘等产生的生产加工场所。

7.1.2　粉尘

1. 粉尘的定义

凡是呈细粉状态的固体物质均称为粉尘。能燃烧和爆炸的粉尘称为可燃粉尘。在空气中悬浮的粉尘，为粉尘云。沉降在固体壁面上的粉尘，为粉尘层。

2. 粉尘的分类

在爆炸性粉尘环境中，粉尘分为以下 4 种：爆炸性粉尘，如镁、铝、铝青铜等粉尘；导电性可燃粉尘，如铁、锌、钛、石墨、焦炭、炭黑、煤炭等；非导电性可燃粉尘，如小麦、玉米、米糠、砂糖、染料、可可、木质、硫黄、聚乙烯、苯酚树脂等；可燃纤维，如棉花纤维、木质纤维、麻纤维、丝纤维、毛纤维、人造纤维等。

按本质，粉尘分为有机粉尘、无机粉尘。

按大小，粉尘分为灰尘、尘雾、尘烟。

3. 粉尘的粒径

粉尘粒径达到 250μm 以上时，不易悬浮而形成粉尘云；粒径小于 75μm 时，粉尘易于悬浮形成粉尘云。几种常见粮食粉尘颗粒粒径均容易形成粉尘云，如表 7.1 所示。粉尘粒度对点火能量有很大影响，一般可燃粉尘的粒径大于 400μm 后，即使采用强点火源，也不能使粉尘发生爆炸，但如果在这类粗粉中混入 5%～

10%的细粉，就足以变成可爆混合物。

表 7.1　几种粮食粉尘颗粒粒径

颗粒	玉米粉尘	稻谷粉尘	小麦粉尘	麸皮粉尘	豆粕粉尘	钙磷粉尘	微量元素
粒径/μm	20～150	18～65	15～55	5～200	16～60	8～30	6～20

4. 粉尘的构成

粉尘包括以粮食谷物，动、植物蛋白等为主的有机粉尘，混有部分矿物质等的无机粉尘，以及有真菌孢子、螨、残留农药和真菌毒素等的有害粒子。

5. 粉尘浓度

粉尘浓度，采用单位体积所含粉尘粒子的质量来表示，单位是 g/m^3 或 mg/L。如果浓度太低，粉尘粒子间距过大，火焰将难以传播。

粉尘云只有在一定粉尘浓度范围内，才能发生爆炸传播。这个浓度范围就是爆炸范围。

爆炸下限，即发生爆炸的最小粉尘浓度。爆炸上限，即粉尘与空气所组成的混合物遇火源即能发生爆炸的最高浓度，超过此浓度就不能发生爆炸。粮食粉尘的爆炸下限为 20～60g/m^3，上限为（2～6）kg/m^3，爆炸上限的数量级为爆炸下限的近 100 倍。绝大多数粮食粉尘的爆炸下限小于 200g/m^3。粮食粉尘爆炸最猛烈的浓度（最危险粉尘浓度）范围一般为 500～1000g/m^3。

6. 粉尘来源

固体物料的输送；固体物料的粉碎；气力输送中的摩擦作用；固体物料的燃烧；固体物料的包装。

7.1.3　粉尘爆炸的条件

粉尘爆炸必须具备火源、爆炸性物质、均匀混合、助燃性物质、相对封闭 5 个条件。

根据工作状况与工作性质，可将上述 5 个条件合并为 3 个条件，即粉尘爆炸必须具备火源、粉尘浓度及相对封闭空间。

7.1.4　火源

1. 火源的定义

火源是指有足够能量的点燃源。粮食储备库中常见的火源包括明火、火花、高温、自燃等。

2. 引起粉尘爆炸的最小点火能量

最小点火能量，是指粉尘云中可燃粉尘处于最容易着火的浓度时，使粉尘云着火的点火源能量的最小值。点火温度越低，越容易爆炸，小麦、稻谷、玉米及大豆粉尘的最小点火能量如表 7.2 所示。

表 7.2　小麦、稻谷、玉米及大豆粉尘的最小点火能量

最小点火能量	国内小麦粉尘	国内稻谷粉尘	国内玉米粉尘	国内玉米淀粉粉尘	加拿大小麦粉尘	加拿大大麦粉尘	阿根廷大豆粉尘
粉尘层着火温度/℃	310	300	320	400	180	280	270
粉尘云着火温度/℃	500	480	550	400	420	420	490
最小点火能/mJ	65	60	80	25～35	30	25～50	20～25
爆炸下限浓度/（g/cm^3）	60	60	80	50～75	30	>100	35
最大爆炸压力/MPa	0.68	0.75	0.65	0.82	0.85	0.74	0.79
爆炸指数/（MPa · m/s）	6.5	10.0	6.0	15.2	14.9	2.8	5.3
最大爆炸压力上升速率/（MPa/s）	24	50	22	56.3	55	10.4	19.4

在处理可燃粉尘的场所，设备及管道热表面常常沉积可燃粉尘。如管道热表面或环境温度较高，会使粉尘的氧化速度加快，热量不断积聚就可能发生自燃着火。粉尘层着火后通常不会自身发生爆炸，但会成为粉尘爆炸的点火源。在有可燃粉尘沉积的场所，设备热表面的温度不能超过粉尘层最低着火温度。了解最小点火能量，可以将其应用到电气防爆设备的选型、控制发热设备的表面温度。

7.1.5　粉尘爆炸机理

粉尘粒子表面因热传导和热辐射获得能量。粉尘表面积大，与空气接触充分，表面温度急剧升高。粒子表面分子通过热分解或干馏作用成为气体，形成粉尘蒸气或分解气体。粉尘粒子获得热能后，从表面一直到内部相继发生熔融和气化，迸发出炽热微小质粒或火花，成为周围未燃烧粉尘的点火源，从而扩大燃烧范围，可能发展为爆炸。

爆炸分为一次爆炸、二次爆炸、多次爆炸。

1）一次爆炸，又称初始爆炸、原爆，是由初始点火源引起的爆炸。

2）二次爆炸。第一次爆炸冲击波把沉积在设备或地面上的粉尘扬起，在第一次爆炸余火的引燃下，引起第二次爆炸。二次爆炸时，粉尘浓度一般比一次爆炸高得多，故二次爆炸的威力比第一次要大得多。

3）多次爆炸。随着爆炸引起极大的震动，沉积在不同部位的粉尘扬起，形成多个粉尘云，从而发生连环爆炸。

7.1.6　粉尘爆炸的特点

1）粉尘爆炸涉及的范围很广，粮食加工、仓储、物流等部门都时有发生。粉尘爆炸具有极强的破坏性、突然性、复杂性、严重性、毁灭性、自激性，具有大面积、无意识区域、随时随地等特点。

2）燃烧时间长，爆炸压力上升较缓慢，较高压力持续时间长，释放的能量大，产生的能量大，所以，破坏力强，造成的破坏程度要严重得多。

3）容易产生二次爆炸及多次爆炸。第一次爆炸气浪把沉积在设备或地面上的粉尘吹扬起来，在爆炸后的短时间内爆炸中心区会形成负压，周围的新鲜空气便由外向内填补进来，形成所谓的“返回风”，与扬起的粉尘混合，在第一次爆炸余火的引燃下引起第二次爆炸。

4）容易引起不完全燃烧，产生有毒气体，一种是一氧化碳，另一种是爆炸物（如塑料）自身分解的毒性气体。毒气的产生往往造成爆炸过后的大量人畜中毒、伤亡，必须予以充分重视。

7.1.7　粉尘影响因素

1）粒度越小，爆炸下限越低。

2）点火源表面积大、温度高，爆炸下限降低。

3）氧浓度降低，爆炸下限提高。

4）含尘空气湿度增加，爆炸下限提高，甚至失去爆炸性。

7.2　粉尘爆炸的危险源与隐患

7.2.1　粉尘爆炸的危险源

粮油仓储企业存在粉尘爆炸的危险区域和危险源主要有立筒仓、浅圆仓、工作塔、通廊、溜管，油罐、输油管线，打包秤、上下料斗，通风除尘设备与系统，集尘器、灰间、下脚间，烘干机、热风炉、换热器，卸粮坑、提升机、刮板输送机，化学试剂、化学药品。

7.2.2　粉尘爆炸的隐患

粮油仓储企业的粉尘爆炸隐患主要有以下几个方面。

1. 机械设备方面

机械设备方面的隐患：运转部件间运转不灵活；转动轴摩擦发热、轴承润滑不良；斗式提升机跑偏、打滑、断带；皮带轮、辊与支架摩擦；刮板机刮板与箱体摩擦；螺旋输送机堵料摩擦；风机叶轮与壳体摩擦、碰撞；在爆炸危险范围内的转动设备使用皮带传动，未采用防静电皮带；防爆区域内未使用防爆工具；运输工具撞刮等。

2. 电气设备方面

电气设备方面的隐患：未按爆炸性粉尘环境对电气工程的要求进行设计；使用非防爆的接插件；非防爆电气设备启停或运行过程中产生火花；电气线路短路、老化、裸露；电气设备过载、过热、缺相；接线盒、开关、控制箱漏电、接触不良等；电缆机械强度不足，不能防止机械损坏，电缆因环境原因被破坏（如老鼠啃咬等）；未按规定使用、维护防爆电气设施；杂散电流；防雷接地系统失效、出现故障。

3. 粉尘控制方面

粉尘控制方面的隐患：通风除尘效果不良；水平管段过长、管道积尘；管道漏风、粉尘外泄；粉尘清理不及时、不彻底；未制定有效积尘清扫作业制度；通风除尘、防爆、泄爆等设施，未经允许被拆除或改变用途。

4. 火源管理方面

火源管理方面的隐患：加热设备、散热器、干燥柜、机械热表面、供暖设备和管线过热；非防爆电气设备、非防爆开关、非防爆电机、灯具的热表面；电机、汽车排气管、烟囱火星、焊割作业金属熔渣等过热表面；火花放电、刷形放电、料堆放电、人体静电、电晕放电、静电积累；明火作业、气焊割、阴燃粉尘团、吸烟及其他明火等。明火作业是中国大部分粮食粉尘爆炸的点燃源，最常见的是火花放电。

7.3　粉尘爆炸预警防范

防止粉尘爆炸的基本措施是，使产生爆炸的条件同时出现的可能性降到最低程度。按照爆炸性粉尘混合物的特征，主要从防护措施、设计选型、控制粉尘、杜绝火源、运营管理等方面采取措施。

7.3.1　防护措施

对于粉尘爆炸，一方面要消除粉尘爆炸的因素，防止粉尘爆炸的发生；另一方面是控制爆炸范围，减少爆炸所造成的损失。常用的防护措施或防护方案有遏制、惰化、隔离、抑制、泄爆。在一些因特定条件已形成爆炸条件或暂时无法消除爆炸因素的环境中，泄爆、抑爆和隔爆等措施手段，将会减轻爆炸所造成的损失。主要防护设备包括防爆板、防爆门、无焰泄放系统、隔离阀及抑爆系统。在实际应用中，往往采用多种防护措施组合运用，以达到更可靠、更经济的防护目的。

1. 常用的防护措施

（1）遏制

遏制是在设计、制造设备时，采用增加设备厚度的方法，以增大设备的抗压强度。这种措施往往以高成本为代价，不经济。

（2）惰化

惰化是向有粉尘爆炸危险的场所充入足够的惰性物质，使粉尘混合物失去爆炸性的方法。主要目的是消除助燃剂、减少氧含量，使空间内部空气惰化。常用惰性气体（如氮气、二氧化碳等）替代氧气。

（3）隔离

隔离是把有爆炸危险的设备与相连的设备通过一定装置隔断，阻止爆炸的蔓延和传播，从而避免二次爆炸。隔爆装置主要用以阻止一台设备或装置在发生粉尘爆炸时，粉尘火焰沿着工艺管道、通廊、电梯间、电梯井等传至其他建筑物、设备或筒仓。

隔离可采用化学隔爆、物理隔爆或其他隔爆装置，隔爆装置往往和抑爆系统一起应用。机械隔离阀类似于常见的闸阀。一般在设备的物料入口安装化学隔离阀，在设备的物料出口安装机械隔离阀。

在加工、提升、运输、生产中常用光电控制隔爆门关闭进出料口，隔断爆炸气浪、火焰传播，避免引起再次爆炸。提升机的进料口和出料口均应装设隔爆装置，气压阀门、管道、电梯间、电梯井、通廊和独立建筑物均应采取隔爆措施，长距离的密闭输送设备也应在机内逐段装设防爆挡板。筒仓与提升机之间应采取隔爆措施，防止在筒仓区域发生破坏性更大的二次粉尘爆炸。

（4）抑制

抑制系统是在爆燃现象发生的初期（即初始爆炸），由传感器及时检测，在系统设备中运用物理、化学作用通过发射器快速喷射抑爆剂，使未爆炸粉尘不再参与爆炸，从而避免二次爆炸的控制技术。通常，抑制系统与隔离系统组合使用。

爆炸需要完整的 3 个要素，并在适当的条件下产生爆炸。要抑制爆炸的发生，必须取消三要素中的 1 个要素。一种措施是向粉体处理设备内部注入惰性气体，以降低氧气的含量，达到抑制爆炸的目的；另一种措施是取消易燃易爆物料，但这是不可能的，因为设备本身就是用来处理该物料的。以上两种措施都是很难做到的，一般采用最简单的措施，即取消其中的 1 个要素——火源，从而抑制爆炸的发生。

抑爆系统实际上相当于一个自动灭火器。安装在粉体设备上的传感器探测到设备内部发生火花使燃料燃烧，形成小火球，在即将发展成大火球发生爆炸的瞬间，传感器给发射筒发出指令，发射筒向设备内部喷出灭火剂，把火花熄灭，从而抑制了爆炸的发生。

（5）泄爆

泄爆措施是在容易引起粉尘爆炸的设备和建筑物上，开设泄爆口、泄爆板或泄爆门、无焰泄放系统，对所保护的设备在发生爆炸的时候进行保护。当发生粉尘爆炸时，气压通过冲开泄爆口、板、门，能迅速将爆炸粉尘和气流泄出，泄放出大部分能量，从而破坏封闭条件，达到保护设备的目的。泄放包括压力泄放和无焰泄放。

泄爆板通常用来保护户外的粉体处理设备，如粉尘收集器、旋风收集器等。压力泄放时，伴随有火焰及粉体的泄放，可能会对人员和附近设备造成伤害和破坏。泄爆门通常用来保护处理粉体的车间建筑，以避免整个车间发生粉体爆炸。对于处于室内的粉体处理设备，有时对泄放要求非常严格，物料泄放或者没有预留泄放空间的情况下，通常会采用无焰泄放系统，以达到保护人员及周围设备的目的。

安装泄放装置的地点与部位有筒仓、料仓、筒仓顶部工作通廊、筒仓底部空间等，除尘器、提升机、刮板输送机、封闭式皮带机等输送设备及管道。

提升机、刮板输送机应设置泄爆口。提升机机筒可每隔数米在正面或侧面装上泄爆板。材料用容易冲开或容易破坏的薄金属板或纤维板，用低强度螺栓连接，在机头上部可设泄爆口或泄爆管并直通室外。刮板输送机上应设置泄爆口，泄爆管道宜直通室外。

除尘器宜设置在室外，室内的除尘器的泄压管应直通室外且泄压管长度不应大于 3m。除尘器应采取的有效防爆措施有防静电滤袋、爆炸泄压、爆炸隔离、风机采用防爆风机。

2. 防爆系统设计原则

在制定防爆措施时，不能单独只考虑某一个设备，要从整体出发，从防爆系统工程方面来设计，所以往往需要采取多种方案组合应用。例如，泄放和机械隔离方案、泄放和化学隔离方案、无焰泄放和机械隔离方案、无焰泄放和化学隔离方案、抑制和机械隔离方案，以及所有方案的集合体。

7.3.2 设计选型

1. 建筑结构方面

建筑物设计要依据国家标准 GB 50016—2014《建筑设计防火规范》(2018 版)，考虑粉尘爆炸波及的范围，尽量使有粉尘爆炸可能性的建筑物远离办公区和生活区，对作业场地选择、防火间距、疏散通道、消防设备设施、“三废”（废水、废气、固体废弃物）处理等方面给予充分而必要的设置。

根据储存物品的类别，合理确定建筑物耐火等级、建筑材料级别，根据耐火等级、储量，确定防火间距等。设置隔离禁区，限制和缩小爆炸危险区域的范围，并将不同等级的爆炸危险区，或爆炸危险区与非爆炸危险区分隔在各自的库房或区域内。

2. 工艺流程方面

简化工艺流程，避免多次提升与输送。提升机采用防爆式提升机，风机采用防爆风机。

在通风除尘工艺设计上，应合理设置、合理选型，尽量减少水平管道的长度，减小阻力损失，风速设计应合理。从吸尘点到除尘器风速应不变或略有增加，保障除尘管道从吸尘点到除尘器不积尘，防止粉尘在风管中沉积。通风除尘系统应除尘效果良好、便于维修。

3. 设备电气选型

选用符合标准要求、具有防尘防爆性能的电气设备设施及线路。安装永久性磁铁，清除粮食中的金属物，防止摩擦发热、撞击打火等现象。控制和消除火源，消除引火、引爆部位。设备要有可靠的接地装置，设有自动报警、自动停车等保护装置。

7.3.3 控制粉尘

1. 控制粉尘浓度

对除尘器应采取防静电滤袋、爆炸泄压、爆炸隔离等防爆措施。经常检查除尘管道风速、管道堵塞、除尘器滤袋等，防止物料与粉尘泄漏。在除尘器上安装风压检测仪表，用于辅助判断除尘器滤袋的堵塞或破损情况。减少产尘点和扬尘点，控制粉尘扩散，降低周围空间的粉尘浓度，使作业区内的粉尘浓度不超过 10mg/m^3 的标准。应及时维修出现物料泄漏的设备，及时密封工艺设备的检查孔。当除尘装置停车时，作业机组能联锁停车。定期测定工作塔、仓上层、仓下层、火车卸粮坑、汽车卸粮坑等作业点的空气含尘浓度。对除尘系统进行风速测定和压力平衡调节，保证风量与风速符合设计要求。

2. 定期清扫

严格执行定期清扫制度，消除或减少爆炸性粉尘混合物产生和积聚。在粉尘防爆设防区内，要经常打扫设备、支架、墙壁、天花板、房梁、门窗和地面，不留死角，避免长期堆积而形成粉尘云，因为它是构成二次爆炸的重要条件之一。对于转动、发热等部位，应每天清扫，增加含尘气体湿度，降低空气中粉尘的悬浮量，原则上以采用负压清扫和湿拖为主的方式。负压清扫是粉尘清扫的主要工具，避免粉尘"搬家"或有死角。禁止使用引起粉尘飞扬的清扫方法（如使用压缩空气喷吹或用笤帚清扫）和产生火花的清扫工具。清扫时，应注意人身和设备设施安全，不得损坏设备设施、线路元件等。清扫、检修过程中，应防止形成粉尘云。有效消除积尘是防止粉尘爆炸的主要措施之一。清扫应有清扫台账记录。

7.3.4　杜绝火源

1. 消除引火点

对于除尘系统来说，应侧重于消除引火点，提高风速，分级削减粉尘浓度。当粉尘进入除尘系统后，除尘系统内部的粉尘浓度处于爆炸极限范围内，且在一个较封闭的空间，除尘系统便成为粉尘爆炸的危险源，在撞击、摩擦、静电、明火、阴燃等各种条件下引发爆炸的概率很高，因此在这种环境下，必须采用防爆风机和防爆电机消除引火点。在系统内采用阻燃和防静电材料，设有良好的接地、泄爆装置和清扫口，并设有压力、温度等险情预报和监控系统。当系统内出现险情时，主机自动停止工作，各防爆抑爆系统自动工作。

筒仓入孔和下料口不用时，应封闭，以防火焰通过仓顶工作间（廊道）窜入。防止机械火花与摩擦，设置斗式提升机跑偏、打滑监控装置，设置轴温监测装置。对机械部件进行定期维护，消除摩擦发热引起的点火源。在生产过程中遇到冲击机械、研磨机械和斗式提升机、刮板输送机等设备，必须先经过磁选器，清理金属杂质。在粮食接收流程的前端，设置清除磁性金属物的设备，增设铁栅筛和磁选装置，以防硬石块和金属杂质等进入运输机械，产生火花，引起爆炸。仓内检修照明应采用低压防爆型聚光灯。

粉尘爆炸危险区域内，所有构筑物、设备、构架、金属仓、斗、管道均应按国家标准 GB 15577—2007《粉尘防爆安全规程》，采取防静电措施，避免积累静电荷，并应单独与接地体或接地干线相连，不得相互串联后再接地。建筑物内所有电气装置外露导电部分，均应做保护接地处置。中、高层建筑物须安装避雷装置。

禁止将火柴、打火机等火种带入工作塔、筒上层、筒下层、火车和汽车卸粮坑等作业点。禁止穿着带铁掌或铁钉的鞋子进入工作塔、筒上层、筒下层、火车和汽车卸粮坑等作业点。禁止在工作塔、筒、火车和汽车卸粮坑等作业点从事明火焊接和切割作业。禁止吸烟，防止明火。

2. 规范动火作业

如果必须动火作业，须向安全部门提出动火作业申请。在现场 30m 范围内，各种机械应全部停机。在现场 10m 范围内，应打扫干净，喷水处理，全部楼面、墙壁洞孔和管道都应堵塞，以防火花溅出，所有可燃材料应尽可能地转移，对不能转移的可燃材料，应用阻燃性挡板或帆布保护。在进行焊接或切割作业时，应有 1 名守护人员携带灭火器在现场监视，直到作业结束 1h、确认作业安全后，方能离开现场。在离开现场以前，监护人员应负责做最后一次检查。

7.3.5 运营管理

1. 加强管理

加强安全生产管理，明确生产作业流程，坚持执行规章制度，提高职工业务素质。对安全生产防爆工作建立健全责任制，应将此项工作列入计划，进行布置、检查、总结、评比。对事故进行调查研究，进行技术分析，总结经验教训。

2. 防护措施

针对企业自身粉尘爆炸危险场所的特点，采取有效控制粉尘爆炸的措施。制定粉尘防爆安全规定，制定机械设备、电气设施操作规程。严格执行设备设施安全操作规程。严格控制入仓粮食杂质含量，特别是要控制粮食中有机粉尘含量。如果粮食粉尘含量高，在入仓前应进行风选处理。按规定对各种工艺设备的开机、运行和停机进行正确操作，避免发生因操作不当而酿成的生产安全事故。加强维修作业安全操作管理，职工要了解易燃易爆现场作业的有关规定，特有工种应持操作证上岗。建立设备维修、检查制度。规定各种设备检查、维修、保养及大修、小修时间表，以保证设备在正常状态下工作。

动火作业前，关停运行设备，堵住各种口、洞和管道；清除现场积尘，特别是设备内外、地面、墙壁。作业完成后，要认真清理，确认没有残留火星或过热物后，方可离开。

3. 安全检查

要定期、不定期地对工艺设备、电气设施、除尘系统进行安全检查。检查是否有老化、发热、磨损、撞击火花、强烈振动、接触不良、接地不良、漏电、除尘效率下降等现象。检查是否有积尘问题。检查现场人员防爆知识的掌握和应用情况。对防爆设防区内所有测温、测尘仪器仪表及防火、防爆设备定期检查，使其处于良好的工作状态。

4. 宣传教育

宣传预防粉尘爆炸知识，提高职工的安全生产意识。根据生产岗位制度明确职责，并坚持执行、认真检查，向职工讲解防止粉尘爆炸的基本知识，提高其技术素质和安全意识，提高对粉尘爆炸的认识。要进行防爆安全教育，讲解粉尘形成爆炸的机理、危害，储运设备易形成爆炸的因素，电气易引爆的因素，学习掌握各种预防粉尘爆炸的技术。作业人员必须经过粉尘防爆安全教育并经考试合格后方可上岗。

5. 消防管理

加强消防设施管理，要配备相应的消防设施和火灾报警装置、警示标志，要对消防器材合理选型、合理配置、合理摆放、正确保管、正确使用。爆炸危险区域应设有两个以上出入口，其中至少有一个通向非爆炸危险区域。

扑救粉尘爆炸事故的有效灭火剂是水，尤以雾状水为佳。它既可以熄灭燃烧，又可湿润未燃粉尘，驱散和消除悬浮粉尘，降低空气浓度。但忌用水流直接喷射将积尘扬起；同时水能使粮食膨胀，引起筒仓爆裂。也不宜用有冲击力的干粉、二氧化碳，使沉积粉尘因受冲击而悬浮引起二次爆炸。

对于堆积的粉尘，如面粉等可燃粉尘，明火熄灭后内部可能还会阴燃，应引起足够重视。对于面积大、距离长的粉尘火灾，要注意采取有效的分割措施，防止火势沿沉积粉尘蔓延或引发连锁爆炸。

7.4　粉尘爆炸的应急处置

7.4.1　应急处置原则

粮油仓储企业应按照国家标准 GB15577—2007《粉尘防爆安全规程》，全面排查企业有无粉尘爆炸危险场所。

凡是存在粉尘爆炸危险场所的，必须按照国家标准的要求，配备通风、除尘、防火、防爆设备设施和灭火器材。

7.4.2　制定应急预案与演练

针对本单位的实际情况，制定和完善粉尘爆炸应急预案，加强培训和演练，确保遇到紧急情况时能响应快速、科学应对、措施得力。

开展全员应急处置培训，加强对从业人员消防安全和粉尘防爆的培训，普及粉尘防爆知识和安全规程，提高从业人员的安全防范和遇险逃生能力。所有员工都应知道应急救援预案的内容，知道在事故发生时采取何种应急措施。

加强对应急管理人员的培训，对各应急工作组进行培训，使他们熟知自己的岗位责任、抢险任务，各工作组之间应相互配合。

每年有针对性地对可能发生的事故情景进行一次模拟演习。通过演习找出不足，及时修改预案，确保应急预案的有效性和合理性。

7.4.3　应急处置的内容

1）发生粉尘爆炸时，现场工作人员应迅速向上级报告，指挥部接到报告后，根据事故情况采取应急措施。

2）拨打 119 向消防部门报告，并组织人员到路口接应消防车。

3）拨打 120 向医疗部门报告，对受伤人员进行救护。

4）组织员工向空地疏散，切断总电源，划出警戒线，设立明显标志。

5）禁止无关车辆和无关人员进入警戒区。

6）消防部门到达现场时，配合消防部门的灭火工作。

7）事故得到控制，确认现场危机解除，应急救援结束。

7.5　粉尘爆炸预防的检查要点

1）检查作业场所是否符合标准、是否符合规范要求。

2）检查通风除尘系统是否完好有效。

3）检查避雷、除静电系统是否安全有效。

4）检查现场粉尘沉积情况。

5）检查清扫制度的执行情况。

6）检查清扫记录台账。

7）检查点火源控制的执行情况。

8）检查应急预案的制定情况。

9）检查预案的演练、培训、相关记录情况。

7.6 粉尘爆炸事故的案例分析

粉尘爆炸涉及的范围很广，煤炭、化工、医药加工、木材加工、粮食和饲料加工等部门都时有发生。例如，1980～2005 年，美国发生了 280 多次粉尘爆炸，共造成 119 人死亡，718 人受伤。1985 年以前平均每年发生粉尘爆炸事故 20 起。1952～1979 年，日本发生各类粉尘爆炸事故 209 起，伤亡共 546 人。联邦德国在 1965～1980 年发生各类粉尘爆炸事故 768 起，其中较严重的是木粉及木制品粉尘和粮食饲料爆炸事故，分别占 32%和 25%。

近十年来，中国每年发生粉尘爆炸的频率为局部爆炸 150～300 次，系统爆炸 1～3 次，且呈增长趋势。中国发生的这些粉尘爆炸尤其是系统爆炸，造成了严重损失，仅 1987 年哈尔滨亚麻厂的亚麻尘爆炸事故，死亡 58 人，轻重伤 177 人，直接经济损失 882 万元。

7.6.1 某港口散粮筒仓粉尘爆炸事故

某港口粮食立筒库是专门接收和储存进口粮的港口立筒库。筒仓直径 8m，筒体高 25m，3 排 7 列组合，总仓容量为 27 500t。工作塔 7 层，总高 48m。筒仓和工作塔为钢筋混凝土结构。该港粮食立筒库因动用明火进行切割作业，引发粉尘爆炸。事故发生后，消防人员及时赶到现场，将大火扑灭。这次事故伤 7 人，经济损失 100 多万元。

【原因分析】

积尘过多、过厚，电焊切割产生明火。

7.6.2 某公司淀粉车间粉尘爆炸事故

2 月 23 日 20 时至 24 日 8 时，淀粉四车间 6 号振动筛工作不正常、下料慢，怀疑筛网堵塞。24 日 15 时 58 分左右，5 号振动筛修理完成，开始清理和维修 6 号振动筛，此时发生了爆炸事故。事故发生后，现场人员立即联系公司应急救援指挥部相关人员、县人民医院、县中医院，向消防队报警，并启动公司安全生产事故应急救援预案，组织开展自救。

淀粉四车间的包装间北墙和仓库南、北、东 3 面围墙倒塌。仓库西端的房顶坍塌（约占仓库房顶的 1/3）。淀粉四车间干燥车间和南侧毗邻的 3 间库房部分玻璃窗被震碎、窗框移位。四车间内的部分生产设备严重受损。厂房北侧两辆集装箱车和厂房南部的一辆集装箱车被砸毁。事故发生时，现场共有 107 人。事故导致 21 人死亡（事发时死亡 19 人）、47 人受伤（其中 6 人重伤），直接经济损失 1773 万元。

【原因分析】

此次事故的点燃源为铁质工具与铁质构件或装置的机械撞击与摩擦所产生的火花。现场勘察和询问表明，在进行三层平台清理作业过程中产生了粉尘云，局部粉尘云的浓度达到了爆炸下限。作业人员在维修振动筛和清理平台淀粉时，使用了铁质工具，包括铁质扳手、铁质钳子、铁锨和铁畚箕等，产生了机械撞击和摩擦火花，以上二者同时存在是初始爆炸的直接原因。包装间、仓库设备和地面淀粉积尘严重是两次强烈的二次爆炸的直接原因。

发生爆炸前，3 层平台有 10 人对 5 号振动筛和 6 号振动筛进行清理和维修。清理和维修工具为铁质扳手、铁质钳子、铁锨等。紧邻 5 号振动筛的配电间屋顶有淀粉四车间的 4 名包装工，正在清扫由 5 号、6 号振动筛散落下的淀粉。所用工具为铁锨、铁畚箕、扫帚、包装袋。3 层平台的作业人员，将清理的淀粉装袋后，通过楼梯往下滚落到 1 层地面。批号间与配电室屋顶的清理工作大致进行了一半，已经清理出了 20 多袋淀粉，有部分淀粉袋由配电间屋面直接抛至 1 层地面。

事故发生时，3 层平台、批号间和配电室屋顶有大量淀粉。

在对 5 号振动筛进行清理和维修的过程中，铁质工具撞击摩擦产生的机械火花，将清理过程中产生的处于爆炸浓度范围内的粉尘云引燃，在 5 号振动筛处发生了爆燃。这个爆燃也是此次事故的初始爆炸。初始爆炸能量比较小，只对局部设备和构筑物造成破坏。

初始爆炸产生的冲击波和气流激起了 3 层平台上的淀粉粉尘层，形成了更多的粉尘云，在 3 层平台、批号间和配电室屋顶发生了爆燃的扩散，粉尘云和粉尘层剧烈燃烧，在 3 层平台、批号间和配电室屋顶的作业人员处于高温火焰区。9 名作业人员因严重烧伤未能逃生，5 名作业人员成功逃生。爆燃引起的大火，引燃了与打包间西端一墙之隔的淀粉四车间干燥间东北角 1～3 楼扬升器的管道保温材料，但未在干燥车间造成严重后果。

7.6.3　某粮库粉尘爆炸事故

某粮库于 12 月 24 日上午 8 时按计划实施库存集并作业，将 2 号、10 号浅圆仓储存的约 3000t 国产玉米集并到 2 号平房仓。整个作业由仓储科负责。上午 8 时，控制室人员按规定程序开启 10 号仓出粮闸门，开始出仓作业。由于 10 号仓存粮较少，已不能自流出粮，于是安排 3 名工人用清仓设备进行清仓作业。估计当时的作业产量约 80t/h。约 10 时 30 分，浅圆仓系统发生粉尘爆炸。

首先在工作塔地下室内的气垫输送机与斗式提升机连接处发生第一次爆炸，

然后瞬时引起第二波爆炸，导致工作塔、2 号通廊、3 号通廊受损，接着引起第三波爆炸，导致 1 号通廊受损。爆炸导致工作塔一层楼板几乎全部被破坏，所有外窗及大部分设备损坏。1 号、5 号、7 号浅圆仓地下通廊盖板（300mm 厚现浇钢筋混凝土板）几乎全部被炸飞，2 号、10 号浅圆仓地下通廊盖板局部开裂 1～5cm。浅圆仓南侧地下通廊仓外轴流风机被炸飞到平房仓屋面上，火车卸粮坑混凝土盖板被炸飞，铁路罩棚屋顶彩钢板被损坏。1 号、2 号及 3 号地下通廊设备全部毁坏。事故导致 1 人受轻伤，无人员死亡，设备、设施毁坏严重（图 7.1），是一起严重的粉尘爆炸事故。

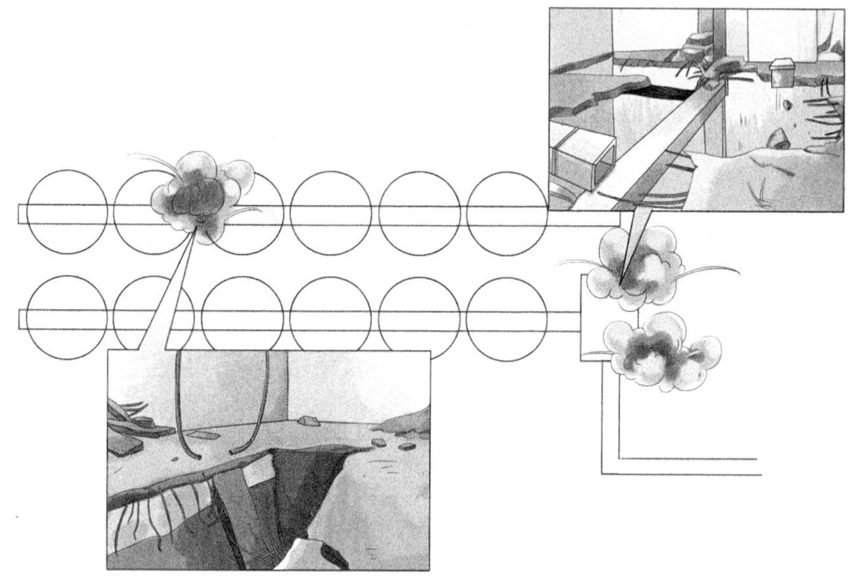

图 7.1　粉尘爆炸事故现场示意

【原因分析】

现场飘尘、积尘过多并有不确定火源产生。可能的火源有机械摩擦过热、电机过热、电气短路及漏电导致的电火花、静电等，排除了人为明火因素。

（1）火源

事故发生时，工作塔地下室及通廊内没有操作人员，可以排除人为明火因素。

初次爆炸位置为工作塔地下室的输运系统机头部位。可能的因素有机械摩擦过热、电机过热、电气短路及漏电导致电火花及静电等。

（2）粉尘浓度

浅圆仓进出仓系统除尘效果不理想。企业对地下通廊的粉尘清理不彻底。企业对浅圆仓进出仓系统及除尘系统的检修维护不到位。

本 章 小 结

仓储、加工、物流各环节都存在粉尘爆炸的风险，粮油仓储企业应采取粉尘清除、火源控制、运营管理等措施，将产生爆炸的条件同时出现的可能性降到最低；同时应在易爆环境中设置防爆板、防爆门、无焰泄放系统、隔离阀及抑爆系统，从源头消除粉尘爆炸。

第 8 章　粮油仓储企业粮堆坍塌事故防范

8.1　粮堆坍塌事故的定义及特点

8.1.1　粮堆坍塌事故的定义

粮堆坍塌事故是指储粮设施或粮堆在超出粮堆自身极限强度的外力和重力的作用下，结构稳定失衡塌落，造成人员滑入、跌落粮堆或被冲出、掉落的粮食掩埋，造成人员伤亡的事故。

8.1.2　粮堆坍塌事故的特点

粮堆坍塌事故有以下几个特点。

1）事故发生过程持续时间短。人一旦陷入粮堆，11s 就会被完全掩埋。

2）事故发生后人员生还率低。2011～2017 年我国粮油仓储企业（不完全统计）已发生的与粮堆埋人有关的事故 29 起，共造成 85 人死亡、23 人受伤，生还率仅为 21.3%。

3）储粮设施坍塌引发的事故易造成群死群伤。据不完全统计，2011～2017 年储粮设施坍塌引发的事故 14 起，造成 67 人死亡、21 人受伤。其中，2006 年山东某库钢板仓崩裂，玉米倾泻，造成 10 人死亡；2009 年贵州某库砖木仓坍塌，造成 10 死 9 伤；2014 年某粮库罩棚包打围堆垛坍塌，造成 3 人死亡。

4）立筒仓（钢板筒仓）、浅圆仓、平房仓（高大平房仓）、烘干塔等均为粮堆坍塌事故易发地点。2011～2017 年（不完全统计），粮油仓储企业共发生的 29 起粮堆坍塌事故中，与立筒仓有关的有 9 起（与钢板筒仓有关的有 5 起），与浅圆仓有关的有 2 起，与高大平房仓有关的有 10 起，与烘干塔有关的有 3 起，与罩棚仓有关的有 1 起，其他仓型有 4 起。综上所述，立筒仓（钢板筒仓）、浅圆仓、平房仓（高大平房仓）、烘干塔等均为粮堆坍塌事故易发地点，同时在粮食装卸、入仓、出仓、仓房日常检修清理、烘干作业等环节均有可能发生[1]。

5）玉米、小麦、稻谷和大豆粮堆均易发生坍塌。在上述 29 起粮堆坍塌事故中，与小麦粮堆有关的有 13 起，与玉米粮堆有关的有 12 起，与大豆粮堆有关的有 3 起，与稻谷粮堆有关的有 1 起。

8.2　粮堆坍塌事故的安全隐患分析

Heinrich 在《工业事故预防》(*Industrial Accident Prevention*) 中提出了著名的"古典事故致因链"，认为人的不安全行为和物的不安全状态是导致事故的直接原因；傅贵等认为人的习惯性行为是导致事故的间接原因[2]；辛小亮等认为组织行为不完善或欠缺，是事故发生的深层原因[3]。立筒仓（钢板筒仓）、浅圆仓、平房仓（高大平房仓）、烘干塔等为粮堆坍塌事故的易发地点，粮食装卸、入仓、出仓、仓房日常检修清理、烘干作业等为粮堆坍塌的易发环节。研究发现，粮堆坍塌埋人事故发生的直接原因是粮仓设计不规范、老旧破损、缺乏日常维护检修和工作人员作业过程中的不当操作；间接原因是工作人员的习惯操作；深层原因是组织行为不完善或欠缺。总体可归结为以下几个方面。

8.2.1　物的不安全状态

近年来发生的粮堆坍塌埋人事故，绝大部分发生在平房仓、立筒仓和浅圆仓，原因值得深思。平房仓的粮堆埋人事故多发生在日常的清理、出仓过程中，很多事故的发生是挡粮板拆除方法不当导致作业人员被粮食掩埋。绝大部分平房仓建设中存在隐患，发生粮堆埋人事故的仓储企业大多是因为仓房使用挡粮板而非固定式挡粮门，挡粮板需要人工拆装，另外挡粮板的设计不合理，且仓房大门上方没有固定安全绳（带）的系留装置，安全装置明显不足；如果装粮高度超过了装粮线，就超出了仓房设计允许的容量，粮食超载，其侧压力超出了仓墙所能承受的强度，从而导致平房仓墙体产生裂缝甚至坍塌，最终导致埋人事故的发生。平房仓按平堆设计，装粮高度一般为 4～6m。允许装粮高度通常在仓内用一条醒目红线作为安全装粮线标识，为预防仓房坍塌事故，装粮高度应控制在安全装粮线以内[4]。

立筒仓群通常配有工作塔，塔内设置提升、清理、检斤、除尘等设备，筒仓顶部与底部都设有水平输送机，借此快速完成粮食进出仓作业[5]。虽然立筒仓存在上述优点，但同时也成了安全生产中的隐患，在粮食出仓过程中，一旦立筒仓锥斗没有固定好，钢板崩裂或者锥斗坠落都有可能导致粮堆坍塌。

浅圆仓直径大、粮堆高、单仓容量大、机械化程度高，与平房仓作业和立筒仓相比，存在更多的安全隐患。尤其是出粮过程中，粮堆表面会形成一个倒锥形漏斗，这种直达粮堆表面的"活动漏斗"能拖曳落入粮堆的任何物体，给生产操作人员造成重大安全隐患[6]。

平房仓、立筒仓、浅圆仓为粮堆坍塌事故高发的仓型，但东北地区的大部分粮食储存在简易仓囤，因此，加强简易仓囤安全储粮综合防控技术研发，规范简易仓囤储粮技术规程变得事关重要。部分地区主要采用露天储粮，露天储粮通常采用露天囤，露天囤存在很多安全隐患。为了防止露天囤坍塌需要将囤基砌筑牢固；制作钢筋片的钢筋也很重要，应根据储粮的品种、散落性和预计每囤的储粮量等，选择钢筋的规格和韧性[7]。姬佳指出，无论何种仓型所引起的粮堆坍塌埋人事故，其死亡的主要原因都是窒息[8]。

8.2.2　人的不安全行为

外来人员的管理已成为粮油企业安全生产的薄弱环节。分析近几年发生的事故，发现事故中的伤亡人员多为外来人员，且大多数为外包作业人员、外来施工人员及外来售粮人员。其原因为粮库工作相对较累，从事工作的外包人员普遍年龄较大，受教育程度低，安全生产监督管理部门组织的安全生产培训很难为他们所接受。这些几乎安全生产“零培训”的外来作业人员在进行作业时，事故的发生很难避免。而很多仓储企业的正式工作人员作业时，也普遍存在不按规章操作的情况。例如，作业现场无人监护、拆除挡粮门等作业不系安全绳（带）等，这些会引发粮堆埋人事故。

8.2.3　组织行为

在粮油仓储企业，出入库作业是日常性工作。输送机械、清理设备在出入库中广泛使用。如果人员操作不当、机械带病运转，或装卸作业人员不熟悉机械设备性能和业务技术流程，现场值班人员监督管理不到位，极易发生安全事故[9]。管理人员需提高自身的管理水平，同时认清不同工作人员的工作差异，合理制定管理方案、平衡各种冲突，将安全的隐患降到最低，从而降低安全生产事故的发生率。

8.3　粮堆坍塌事故防患治理措施

美国职业安全和健康署（Occupational Safety and Health Administration，OSHA）的谷物装卸设施标准规定了雇主必须遵循的对暴露于谷物装卸设施危险中农工的保护和培训的准则。该标准建立了常识性的安全操作，细化了能够防止工人受伤死亡的控制系统，明确了避免粮堆埋人危险的具体操作。我们应以美国粮仓安全风险识别与控制经验及其相关的法规与标准为基础，虚心学习美国的经验、做法，不断巩固和深化仓储规范化管理工作，努力提升管理水平，加强对企业工作人员的安全教育培训，制定相应的责任制度，切实落实责任制，使粮仓工人的生命安全得到有效的保护[9]。

中国虽然出台了相关的政策、规章制度，诸如《安全生产法》《国务院安全生产委员会关于加强安全生产事故应急预案监督管理工作的通知》《粮食流通安全管理条例》等，还有一些粮食储备库结合工作实际编制了《企业安全储粮事故应急管理预案》《粮食出入仓作业单》《仓储保管检查单》《粮食熏蒸作业单》等，但在实际生产工作中，企业执行力度差异较大。做好粮油仓储企业的安全生产工作不仅需要政府的支持，企业还需要很好地配合开展安全工作才能真正将政策落实[6,10,11]。

1）要坚持“安全第一，预防为主，综合治理”的方针，按照政府承担监管责任、企业负责事故责任、部门负责行业指导和监督管理职责，构建部门指导和监管有力、企业全面负责、职工积极参与的粮食安全生产新格局。要逐步建立适应粮食行业发展要求的安全生产管理制度和技术标准体系，进一步明确各级粮食行政管理部门的安全生产职责，切实提高企业安全生产管理水平和落实事故责任制，改善企业安全生产素质和条件，强化生产操作的标准和规范程序，实现重要的安全生产岗位员工岗前培训和持证上岗，完善外来作业人员审批制度，提高从业人员的安全生产意识，降低安全生产事故起数、伤亡人数和经济财产损失，淘汰不利于安全生产的技术工艺和设施设备[12]。

各企业要加强对设备操作人员的培训，严格执行机械设备操作人员持证上岗制度；加强对设备的维护保养，严禁设备带病作业；建立设备管理和使用档案，详细记录设备使用、修理情况；严格按照操作规程组织浅圆仓、立筒仓等进出仓作业，防止发生粉尘爆炸、粮堆埋人等事故[1]。

2）要加强重点防范，确保隐患排查整改措施有力，以提高安全防范能力为重点，完善应急机制，强化重点工作、重点部位防范，坚持日常巡检和专项检查相结合，对事故隐患实行排查、整改、复查责任制，把事故隐患消除在萌芽状态。

3）要积极推进安全文化建设。努力提升员工安全素质，全面落实安全生产责任，切实肩负起安全使命，加强生产作业安全管理，建立安全隐患排查常态化机制，加大安全装备投入，提高生产安全防护水平。

除采取以上 3 点隐患防范措施之外，建立隐患跟踪消项制度也是防止隐患向事故演变的很好手段。落实隐患跟踪消项制度，首先，要加强对所有工作人员的分层次培训教育，不同工作人员的知识储备不同，安全生产意识也不同，因此，适当地进行特殊培训是有必要的。最终将隐患的整改落实在岗位员工身上或由其直接完成，这是消除隐患最重要的一步。隐患是否有效消除，关键在于岗位员工能否正确理解并执行整改措施。其次，基层管理人员应对可能遗留的隐患进行排查，对隐患整改情况进行确认落实，各级管理者还需定期对落实情况进行监督检查，严格落实责任，隐患整改过程中细化职责、加强考核。最后，定期对已查出的隐患进行整理分析，对照以往的管理制度和流程进行修改完善[4]。

8.4 作 业 守 则

为预防粮堆坍塌等事故的发生，梳理了 6 项作业守则，具体内容如下。

1）做好带班领导、安全员、现场保管员、装卸操作人员等的组织和定岗工作。安全员进行安全项目检查，履行安全告知义务后，经单位负责人批准，方可进行作业。

2）粮食出仓过程中，严禁作业人员入仓进行粮面作业。需进行粮面清理或清除粮堆结块时，应关闭出粮闸门及设备，停止出粮；开启通风装置和仓内照明后，作业人员佩戴安全绳，在仓外人员的监护下进行作业；所有作业人员出仓后，方可重新开机出粮。

3）清理粮面结拱时，作业人员必须佩戴安全带，安全带应固定在作业人员的垂直上方，冗余长度垂直距离不超过 0.5m，严禁直接站在结拱的粮面，以免粮堆突然坍塌导致人员被埋。

4）清理柱状结块或截面较陡的粮堆时，作业人员严禁站在粮堆底下，以免结块粮食坍塌埋人。

5）烘干作业中，潮粮卸粮口出现堵塞时，必须先关闭地廊输送设备，作业人员要佩戴安全带，冗余长度垂直距离不超过 0.5m，并在安全员监护下进行排堵作业，地廊输送设备开启前，要确认作业人员已从卸料口粮堆撤离。

6）作业时，应在作业现场设置安全警告标志，严禁其他非作业人员意外进入作业现场，严禁作业人员在无人监护下擅自入仓作业。

8.5 粮堆坍塌事故的应急处置

当发生粮堆坍塌埋人时，应立即停止作业，通知企业负责人，并拨打 119 报警电话、120 医疗救护电话等，将所有作业人员转移到安全的地点，并启动粮堆坍塌事故应急预案，有序开展救援。管理人员应创建安全生产预测预警系统，制定应急预案，完善应急救援过程，定期指导员工开展应急演练[13]。

8.6　粮堆坍塌事故的案例分析

8.6.1　混凝土储粮仓坍塌事故

2014年2月26日11时许，某企业工人在第48号混凝土储粮仓（容量300t，实装干粮230t）附近清雪时，发现仓体距离地面约2.5m高处环向钢板带脱离原有位置，于是企业负责人安排2名临时工对其进行复位加固处理。在处理过程中，该仓2.5m高度处突然发生四周坍塌，2名工人立即被溢出的粮食掩埋，如图8.1所示。企业负责人随即拨打了119消防报警和120急救电话，并迅速组织人员挖粮救人。被埋工人分别于12时05分、12时30分被救出，随即被救护车送往市医院进行救治，最后经抢救无效死亡。

图8.1　混凝土储粮仓坍塌事故现场示意图

【原因分析】

1）混凝土储粮仓严重老化。事故企业混凝土储粮仓全部为1999年前后建设，事故发生时已使用15年。部分水泥板严重受损，老化严重，有些混凝土储粮仓面临倒塌的危险。对已装粮和未装粮混凝土储粮仓现场进行查看发现，有的水泥板存在裂缝、外漏生锈钢筋、变形等现象，环向钢板带和紧固螺栓锈蚀严重、空仓时钢板带脱离原有位置，无论装粮与否，都存在安全隐患。

2）装粮前对混凝土储粮仓的检修不彻底。装粮前，企业会组织维修人员对混凝土储粮仓的环向钢板带复位并紧固，但根本的问题是对钢板带复位并紧固的效果并未进行严格的检查，就进行入仓装粮作业。本案第 48 号混凝土储粮仓装粮 230t 左右，发现仓体距离地面约 2.5m 高处环向钢板带脱离原有位置（为上下水泥板连接处），实际上是这条环向钢板带装粮前未紧固或假紧固在原有位置。装粮后发现环向钢板带向下脱落，此时已形成仓体最薄弱的受力环，随时可能坍塌。为此，形成了较大的安全风险源。

3）对装粮混凝土储粮仓环向钢板带脱离维修处置不当。企业负责人发现环向钢板带向下脱落后，并没有意识到仓体可能坍塌的风险，随即找到维修人员（均属于临时工）进行环向钢板带的复位和紧固，受力薄弱并处于危险状态的一圈仓体借助人为外力瞬间坍塌，坍塌下来的水泥板和粮食将 2 名临时工掩埋。

4）事故应急处置能力差。事故企业没有制定针对混凝土储粮仓的维修保养制度，发现问题后采取措施不当，事故发生后，应急处置能力差。救援人员既不清楚被埋工人的具体位置，组织救援的设备也不得力，导致救援只采用铁锹和小产量的扒粮机清理粮食救人，被埋工人分别于事故发生后 1h 和 1.5h 才被挖出，救人效率低下。如果库内有铲车或大型挖机进行救援，也许事故人员还有生还的希望。

8.6.2　粮堆埋人事故

2013 年 3 月 9 日晚上，某企业进行露天玉米烘干作业，当时尚有约 5000t 待烘干。2 名临时工在地沟内负责看管卸粮口和传送带，进行烘干塔上料作业，前 4 个口卸粮比较顺利。22 时 10 分左右，第 5 个口出现粮流不畅，玉米流速变慢。2 名工人怀疑是粮堆内结拱造成的，但就如何处理意见相左。李某主张同时打开 6 号口，另一人则建议打开 4 号口继续卸粮，以促进 5 号口粮食流速。后在李某坚持下打开了 6 号口，但粮食流速仍然较慢。李某让同伴留在地沟内，在未请示班组长的情况下，自行到地面检查，从一侧越过 5 号口上方粮堆进入 6 号口上方后，随粮食流动陷入粮堆。由于天黑，地面上其他人员未能发现李某。李某出地沟后约 1min，地沟内留守工人发现 6 号口粮食流速突然加快随即停止，疑似被堵，便用手边工具伸入孔内疏通，触碰有异物感，于是伸手探摸发现是人腿，立即出沟呼救。现场人员一边报警、拨打 120，一边组织营救。由于玉米散落性较强，加之夜里能见度差，挖掘工作十分困难，延迟了救援时间，约 20min 后才将李某救出。李某被发现时面朝南侧呈半坐姿势，重心向前，双脚陷入 6 号入粮孔中，但并未卡住，脚底离孔底面约 15cm，头顶被约 50cm 高的玉米掩埋。经现场实地勘察，李某被救出的地方呈现一凹坑，目测高约 1.5m，直径约 4m。粮食松动部位踩下去即及膝，可深达 0.5m，但凹坑外围粮堆因结拱并未崩塌，推测李某并非被结块砸中，而是随下泄玉米滑入粮堆后被掩埋。李某被救出后，曾对其实施掐人中、人工呼吸等急救，并将其移至办公楼内，其过程约 5min。120 救护车将其送往医院后不久宣告不治，属窒息死亡。

【原因分析】

1）作业工人对粮食特性不了解。死者李某系新雇临时工，出事前仅上班一周，对粮堆结拱处理的危险性认识不足，自身安全意识薄弱。查阅该企业近期的安全教育记录，其内容纲要中提到处理结拱时必须挂安全绳，有专人监护。另据企业负责人介绍，曾在这批工人上岗前强调不能单独处理结拱。尽管企业规章制度齐全，也曾有安全培训，但实效有限。

2）作业工人违规操作。作业工人在遇到粮流不畅时，未按要求沿正确顺序打开卸粮口。李某在没有请示带班领导，没有停止卸粮作业，也没有第二人在场及采取任何保护措施的情况下，犯险到粮堆上部去处理结拱。

3）作业现场未能实现有效监控。地面人员均没能及时发现李某独自进入粮堆，现场也没有警示标志。夜间作业增加了作业的危险性，也给应急救援带来了困难。

4）露天存放粮食未加苫盖。由于新收玉米水分高，加之降雪、气温低、多次入库等影响，粮堆结拱严重，内部结构充满复杂性。

本章小结

粮油仓储企业粮堆坍塌事故时有发生，为增强粮食仓储人员对粮堆坍塌事故的特点及危害严重性的认识，提高人员作业安全系数，本章通过深层次分析粮堆坍塌事故的安全隐患，探索事故发生的原因，梳理粮堆坍塌预警防范措施及应急处置方法。

第 9 章 粮油仓储企业有限空间作业预警防范

9.1 有限空间的定义

国内对有限空间的称谓分为受限空间[14]、密闭空间[15]、有限空间[16]3 种。

2013 年 5 月 20 日国家安全生产监督管理总局令第 59 号公布、2015 年 5 月 29 日国家安全生产监督管理总局令第 80 号修正的《工贸企业有限空间作业安全管理与监督暂行规定》中将有限空间定义如下：封闭或者部分封闭，与外界相对隔离，出入口较为狭窄，作业人员不能长时间在内工作，自然通风不良，易造成有毒有害、易燃易爆物质积聚或者氧气含量不足的空间[16]。

9.2 粮食仓库有限空间的分类

依据国家安全生产监督管理总局发布的《关于征求工贸企业有限空间目录（征求意见稿）修改意见的函》（管四函〔2013〕6 号）中所涉及的有限空间的内容，结合粮食仓库的实际情况，粮食仓库有限空间分类如表 9.1 所示。

表 9.1 粮食仓库有限空间类别

类别	具体场所
密闭、半密闭设备	储油罐、锅炉（排烟管道）、烘干塔、消防水塔（水箱）等
地下有限空间	地下仓库、卸粮坑、地下通廊等
地上有限空间	地上通廊、立筒仓、浅圆仓、高大平房仓、药品库等

9.3 粮食仓库有限空间典型有害因素辨识

有限空间因其长期处于封闭或半封闭状态，自然通风不良，作业环境恶劣，容易发生缺氧窒息、中毒、燃爆、坠落等安全事故，其产生的危害往往是致命的，会对作业人员产成较大安全和健康风险。

9.3.1 空气中氧气含量低于 19.5%

国家标准 GB 8958—2006《缺氧危险作业安全规程》中规定，地下仓、浅圆仓、立筒仓及近年来新建的高大平房仓均为缺氧危险作业场所。

1. 粮仓环境缺氧的原因

20 世纪 90 年代以前，粮食主要以包装形式储存在房式仓内，因其有多个可进出的仓门和通风的仓窗，除了进行熏蒸作业以外，多不属于缺氧危险作业场所。进入 21 世纪，平房仓内的粮食主要以散装储存，因提倡全仓密闭储藏，粮仓仓门用挡粮门和保温门堵死，仓窗也采取保温密封措施，只留可供一个人员进出的粮情检查门或孔，平房仓的密闭条件大幅度提高。

储粮生态环境内的主要生物因素包括粮食、微生物和经常发生的害虫，这三者的生命活动中都会造成氧气的减少[17-19]。粮食在储藏过程中存在呼吸作用，消耗氧气放出二氧化碳[20]，中央储备粮北海直属库的实验结果表明，在气密性较好平房仓中装入新收获的黄玉米（水分 13.4%），45d 后，粮堆内氧气浓度由 20.9%降到 9.7%，气密性较差的平房仓，粮堆内氧气浓度也降到了 16.1%[21]；同时，微生物、害虫[22]生长时也会消耗氧气。

2. 氧气对人体的作用

研究表明，当空气中氧气含量低于 19.5%时，即为缺氧 [23]。缺氧时，人的肢体协调能力差，当空气中氧气浓度下降到 17%时，人在静止状态下尚无影响，但如果从事强度较大的活动或劳动就会呼吸困难和心跳加速，引起喘息；当空气中氧气浓度下降到 15%时，人会呼吸急促，行动迟钝，不能从事劳动活动；当空气中氧气浓度下降到 10%～12%时，人会失去理智，如果停留在此氧气浓度下时间稍长，就会对生命构成威胁；当空气中氧气浓度下降到 6%～9%时，人会失去知觉，如果不及时进行抢救就会造成死亡[24]；缺氧可造成肺水肿、脑水肿、代谢性酸中毒、电解质紊乱、休克、缺氧性脑病等[25]。

缺氧会使人窒息，而纯氧过量吸入会出现“氧中毒症”。其表现为瞳孔放大，视力降低，呼吸困难，大脑皮层及肝、肾、肺、肌肉等的组织损害一系列症状。少数人对纯氧或高浓度氧（大于 21%）的呼吸适应性差，会出现气闷等不良反应。健康人吸入纯氧超过 3h 或在 2～3 个大气压下持续吸入超过 40%浓度的氧，可引起氧中毒。缺氧环境下人体反应如表 9.2 所示。

表 9.2　缺氧环境下人体反应

氧气浓度/%	缺氧程度	症状与体征
20.9 以上	氧中毒	瞳孔放大、视力降低、呼吸困难，大脑皮层、以及肝、肾、肺、肌肉等的组织损害
19.5～20.9	正常状态	—
14.0～19.5	轻度缺氧	呼吸加深加快、脉搏加强、心率加快、血压升高、肢体协调动作稍慢
10.0～14.0	中度缺氧	疲劳，精细动作失调；注意力减退，反应迟钝，思维混乱
6.0～10.0	重度缺氧	头痛、眼花、呕吐、耳鸣、全身发热，不能自主走动和说话，很快意识丧失
6.0 以下	急性、突发性缺氧	血压下降、心跳微弱、抽搐、张口呼吸，很快呼吸停止，继而心跳停止，死亡

3. 粮库人员入仓作业安全现状

通过调查发现，中国现有仓型气密性较过去有了很大提高，尤其是近年来新建高大平房仓，以及地下仓、浅圆仓及立筒仓等气密性较好的传统仓型，中国现在用于储粮的仓房多为缺氧危险作业场所，这些变化增加了入仓作业人员的危险；中国粮食仓储行业的从业人员数量庞大、人员素质参差不齐，人员入仓次数频繁，整个行业对低氧气浓度对人体危害的认识程度不够，入仓作业前不进行通风的比率居高不下，这些更增加了入仓作业的危险。

（1）参与调查人员平均每周入仓的次数

通过调查发现，参与调查的 131 人中，有 30 位工作人员在一周的时间里需要进仓 5 次以上，有 11 位工作人员每周入仓的次数在 6 次以上，也就是说 131 人中有 41 位工作人员几乎每天都会进入粮食仓库。

（2）参与调查人员入仓作业的主要工作

从调查结果（图 9.1）可知，参与调查的 131 人中，入仓作业的主要工作是粮情检查和扦样，相比熏蒸和通风散气占的比例较小，或许这正是大家容易忽略的地方，因为大部分人知道熏蒸剂对人体是有害的，在熏蒸过程中会严格遵守相关规程进行操作，发生危险的概率很小；相反，像粮情检查、扦样等看似安全的作业，因个人的重视程度不够，反而会给入仓作业人员带来很大的伤害，甚至是死亡威胁。

（3）参与调查人员入仓作业前检测氧气浓度及通风的情况

由图 9.2 可以看出，问卷调查人员入仓前不检测氧气浓度的比率比较高，131 人中有一半左右的人员在入仓前不检测氧气浓度，虽然入仓前通风的比率较高，但仍有 28.9%的人员，在入仓前不进行通风。

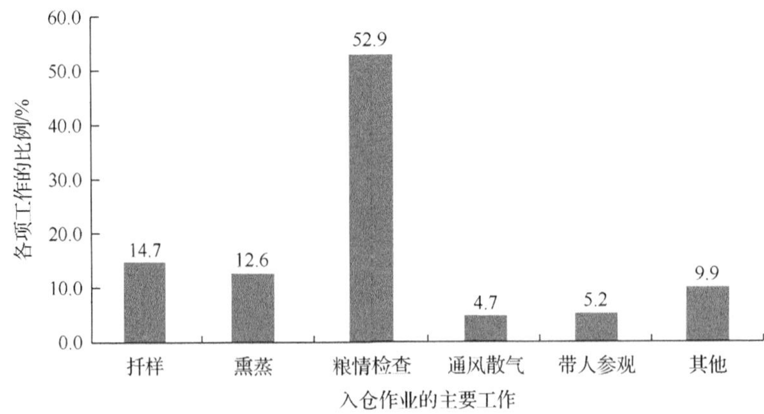

图 9.1　参与问卷调查人员入仓作业的主要工作情况

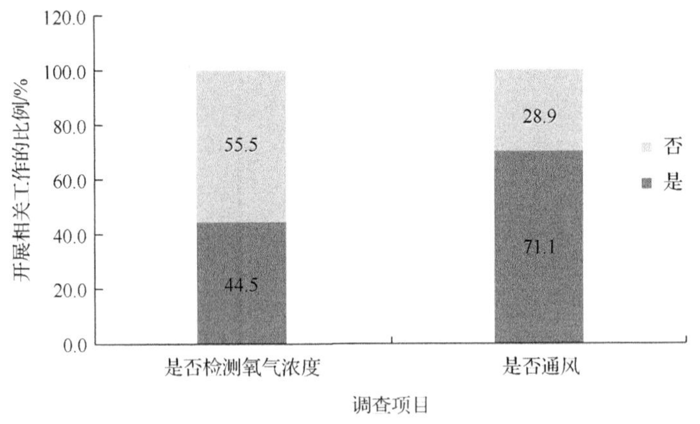

图 9.2　参与问卷调查人员检测氧气浓度及通风散气等工作的情况

9.3.2　空气中有害物质的浓度超过职业接触限值

粮食仓库中存在的有害物质，主要为磷化氢、一氧化碳和二氧化碳等有害气体。但因为大多数有害气体无色无味，作业人员进入粮仓时容易疏忽而不注意防范，工作过程中有害气体会对作业人员的身体健康造成一定的威胁和损害。

1. 磷化氢

磷化氢是目前用于储藏粮食杀虫抑霉的最为经济有效的熏蒸气体，但超过一定剂量会对人体产生毒害。磷化氢是一种无色气体，从呼吸道吸入后，会刺激呼吸道，致黏膜充血、水肿及肺泡充血，严重时会有出血症状；磷化氢经肺泡吸收而至全身时，会影响中枢神经系统，以及心、肝、肾等器官。

有研究表明，接触磷化氢时间久了易出现头痛、失眠、乏力、记忆力减退、呕吐、食欲下降、嗅觉不灵、咳嗽等症状[24]：当空气中磷化氢浓度为 5000mg/m^3 时，人在毒气中 6h 有中毒症状出现；当空气中磷化氢浓度为 7000mg/ m^3 时，人在毒气中数小时后有严重影响；当空气中磷化氢浓度为 100 000～200 000 mg/m^3 时，人在毒气中 0.5～1h 有严重影响[25]。

2. 一氧化碳

国家标准 GBZ 2.1—2007《工作场所有害因素职业接触限值 第 1 部分：化学有害因素》中规定，8h 工作日、40h 工作周空气中的一氧化碳的平均容许接触浓度（permissible concentration-time weighted average，PC-TWA）为 15mg/m^3。一氧化碳进入肺泡后，很快与血液里的血红蛋白结合（其与血红蛋白的亲和力比氧与血红蛋白的亲和力大近 300 倍），这样就降低了血液输送氧气的功能，使人体组织出现缺氧症状以至窒息。另外，进入体内的一氧化碳浓度较高时，还会与细胞色素氧化酶的铁结合，抑制组织细胞的内呼吸过程，使中枢神经系统因缺氧而受到损害，引起记忆力减退、知觉异常、失眠等症状[26]。

3. 二氧化碳

国家标准 GBZ 2.1—2007《工作场所有害因素职业接触限值 第 1 部分：化学有害因素》中将二氧化碳规定为化学有害因素，并规定工作场所 8h 工作日、40h 工作周空气中的 PC-TWA 为 9000mg/m^3，短时间接触容许浓度（permissible concentration-short term exposure limit，PC-STEL，15min）为 18 000mg/m^3。粮食仓库中的微生物、害虫生长及粮食呼吸都会消耗氧气，产生二氧化碳，在长期储存过程中，二氧化碳积累得越来越多，浓度过高会使人身体不适，严重者会有头晕、头痛、呼吸困难症状，甚至晕倒等情况。

9.3.3 空气中爆炸性粉尘浓度达到或超过爆炸下限

粮尘是一种细小的有机质尘埃，一般直径为 0.1～500μm，主要成分是淀粉、蛋白质、纤维素与灰粉。当粮尘在空气中浓度达到爆炸极限时，遇明火就会发生爆炸。爆炸的危险性随粉尘颗粒度而变化，粮尘越细小就越易着火，越具有爆炸性。面粉浓度在 15～20g/m^3 时最易发生爆炸；当颗粒粒度为 70μm 的粉尘，浓度达到 20g/m^3 时，爆炸危险性最大[27]。国家标准 GBZ 2.1—2007《工作场所有害因素职业接触限值 第 1 部分：化学有害因素》中规定：工作场所空气中谷物粉尘（游离二氧化硅含量<10%）容许浓度为 4g/m^3。浅圆仓、立筒仓仓体内部、上下通廊、卸粮坑、提升设备、溜管、通风除尘设备等密闭空间，如果通风除尘效果不良或粉尘清理不及时、不彻底，容易造成局部粉尘浓度增大，产生安全隐患。

9.3.4　其他

设备设施缺乏维护，电器和线路老化、裸露；电气设施不具备防爆功能；斗式提升机跑偏、打滑及断带，以及在维修过程中，畚斗带突然移动，造成维修人员伤害；皮带辊与支架、刮板机刮板与箱体碰撞摩擦；设备过载、过热等也是粮食仓库中潜在的安全隐患。粮食仓库中普遍光线较弱，作业人员稍不注意就容易发生坠落等事故；排水条件也有待改善，部分地下密闭空间可能有积水，可能会发生淹溺等事故。这些是潜在的安全隐患。

9.4　粮食仓库有限空间中典型有害因素的分类

有限空间因其长期处于封闭或半封闭状态，自然通风不良，容易发生各种安全事故，其危害往往是致命的，会对作业人员形成较大安全和健康风险。粮食仓库有限空间具体场所有害因素类别如表 9.3 所示。

表 9.3　粮食仓库有限空间具体场所有害因素类别

类别	有害因素
密闭、半密闭设备	储油罐、锅炉（排烟管道）、烘干塔、消防水塔（水箱）中的主要有害因素可能有缺氧、一氧化碳中毒、坠落等
地下有限空间	地下仓库主要有害因素可能有缺氧、二氧化碳浓度过高、一氧化碳中毒、磷化氢中毒等 卸粮坑、地下通廊主要有害因素可能有粉尘爆炸、坠落、淹溺等
地上有限空间	地上通廊主要有害因素可能有粉尘爆炸、坠落等 立筒仓、浅圆仓、高大平房仓主要有害因素可能有缺氧、二氧化碳浓度过高、一氧化碳中毒、磷化氢中毒、坠落、粉尘爆炸等 药品库主要有害因素可能有磷化氢中毒

9.5　粮食仓库有限空间安全生产事故预警防范及应急处置

9.5.1　预警防范

1）设置有限空间警示标志，防止未经准入者进入。

2）进入有限空间前，进行职业有害因素识别和评价，对有限空间进行分类管理。

3）制定和实施有限空间职业防护和有害因素控制程序、有限空间准入程序和安全作业操作规程。

4）提供符合要求的监测、通风、通信、个人防护用品设备、照明、安全进出设施，以及应急救援和其他必要设备，并保证所有设施的正常运行和劳动者能够正确使用。

5）在进行有限空间作业期间至少安排 1 名监护者在有限空间外持续进行监护。

6）指定专人按要求对准入者、监护者和作业负责人进行专业的操作规程和防护细则等方面的培训。

7）制定和实施应急救援、呼叫程序，防止非授权人员进行急救。

8）制定和实施进入终止程序。

9.5.2　应急处置

1）尽可能施行非进入救援。

2）救援人员未经许可，不得进入有限空间进行救援。

3）当有限空间的有害环境或缺氧状况无法确定时，应采取 A 级防护后方可进入救援。

4）立即停止作业，报告值班负责人，同时拨打 119 和 120。

5）立即启动应急预案，对作业现场进行警戒和危险评价，在符合自救的条件下，组织经过培训的人员进行自救。

9.6　粮食仓库有限空间安全生产事故的案例分析

事故发生于江苏中储粮收储经销有限公司下属的金湖粮库，该库仓容 5.5 万 t，存粮 2.47 万 t。发生事故的 1 号仓跨度 24m、长 30m，装粮线高 6.5m，现储存玉米 2 930t（2011 年 4 月入仓）。2011 年 7 月 30 日，该库对 1 号仓实施环流熏蒸作业，共投放磷化铝原粉 26kg（含量 85%，其中粮面瓷盘投药 8kg，两个通风道各投药 9kg）。9 月 5 日检测到粮堆内磷化氢平均浓度为 79.8mL/m^3，仓内空间平均浓度为 67.5mL/m^3，未检测仓内氧气浓度。9 月 13 日，该库仓储主管胡某决定通风散气。9 月 13 日 17 时 40 分左右，1 号仓保管员周某单独进入仓房准备拆除封闭仓房窗子的薄膜，约 5min 后，胡某来到 1 号仓查看，并与张某一起进入仓房。上述 3 人入仓时均佩戴了由唐山市化学厂有限公司生产的防毒面具，滤毒罐型号为“唐人牌 TF-1 型”。18 时 40 分左右，粮库保安向保管员葛某报告 3 人入仓后一直没有出来。葛某在 1 号、2 号仓外呼喊均无人应答后，用湿毛巾捂住口鼻在 1 号仓粮情检查门入口处发现 3 人已倒在仓内。随后葛某将情况报告给未在单位的粮库副主任钱某。钱某返回粮库组织救援，安排人员报警。首先安排 2 名职工戴防毒面具从粮情检查门入仓施救未果，后安排人从仓外破坏密封薄膜，并由搬运工张某戴防毒面具破坏粮情检查门旁边的排风风机口密封薄膜。随后又安排人员戴防毒面具和保险绳从窗子进入仓内，将倒在仓内的3人转移至仓内通风条件较好的窗子下面。19时22分，武警金湖消防支队接到报警，20时04分消防队员到达现场开展救援，发现搬运工张某也倒在仓内。20时27分，消防队员成功将4人转移至仓外，送医院抢救无效后死亡。医院诊断4人均为磷化氢中毒死亡。

【原因分析】

“9·13”事故是一起违章作业导致的安全生产责任事故。经现场调查和对已经掌握材料的初步分析，专家组认为“9·13”事故的原因如下。

1）在管理方面，企业违反了国家有关规定。首先，散气作业时没有领导在场，违反了《国务院关于进一步加强企业安全生产工作的通知》（国发〔2010〕23号）关于“企业主要负责人和领导班子成员要轮流现场带班”的规定。其次，负责散气作业的所有人员均没有粮油保管员职业资格，违反了国家标准LS/T 1211—2008《粮油储藏技术规范》关于“熏蒸操作人员应经过培训、取得上岗资格”的规定。最后，熏蒸作业方案没有报当地粮食行政管理部门备案，违反了《粮油仓储管理办法》第二十五条关于“进行熏蒸作业的，应当制定熏蒸方案，并报当地粮食行政管理部门备案”的规定。

2）在操作程序方面，作业人员违反了现行操作规程。1号仓保管员单独入仓实施散气作业的行为违反了国家标准LS/T 1201—2002《磷化氢环流熏蒸技术规程》关于“散气应从仓房外部开启门窗，先开启下风方向的门窗，后开启上风方向的门窗”的规定，也违反了国家标准LS 1212—2008《储粮化学药剂管理与使用规范》关于“无特殊情况，不允许人员进入仓内。人员必须进入时，应有2人以上参与”的规定。另外，施药方法存在安全隐患。开展熏蒸作业时，操作人员在2个通风道分别投放9kg 85%含量的磷化铝原粉，存在磷化氢燃爆的安全隐患。

3）在应急措施方面，有关方面应急组织不力导致事故损失扩大。首先，仓储业务主管胡某违反了金湖粮库《储粮化学药剂事故专项应急预案》关于“事故发生后，现场人员应立即报告单位负责人……必要时向当地有关部门报告”的规定，没有立即向企业负责人报告，而是自行组织救援，导致事故损失进一步扩大。其次，金湖粮库负责人18时40分左右得到事故报告，而消防队在19时22分才接到事故报警，又耽误了约40min。最后，救援现场组织混乱，导致事故损失进一步扩大。第4名死亡人员是在有组织救援开始后入仓的，现场没有人员对其进行监护，也未对其采取保险绳等保护措施。

本 章 小 结

中国立筒仓、浅圆仓、地下仓、高大平方仓等仓型的气密性较过去有了较大提高，对照《工贸企业有限空间作业安全管理与监督暂行规定》（国家安全生产监督管理总局令第 80 号）中有限空间的定义，这些粮仓均符合有限空间危险特征。为增强粮食仓库人员对有限空间内作业危险因素的认识，提高粮食仓库人员作业安全系数，本章从有限空间的概念、粮食仓库有限空间分类、有限空间典型的有害因素识别及粮食仓库有限空间作业安全防护等方面进行了论述。

第 10 章　粮油仓储企业熏蒸作业安全生产技术

10.1　基 本 知 识

10.1.1　熏蒸剂

熏蒸剂是指在特定的温度和压力下，能够以足够的气态浓度致死有害生物的化学品[28-30]。

10.1.2　熏蒸作业

熏蒸作业是指将熏蒸气体施入密封环境中以杀死其中目标有害生物的过程。

10.1.3　毒性

毒性是指对非防治对象的毒害程度，特别是对高等动物的毒性。评定农药的毒性大小，常以它引起实验动物死亡的剂量来表示。常用的衡量农药毒性大小的指标有致死中量（LD_{50}）、致死中浓度（LC_{50}）、最小致死量（MLD）、绝对致死量（LD_{100}）、无作用剂量（NOEL）等。其中，最常用致死中量（LD_{50}）。

10.1.4　临界极限

在熏蒸处理和施用熏蒸剂时，必须知道每一种熏蒸剂的浓度极限（接触超过这个极限的熏蒸剂就不安全）和最大限度的接触时间，其中包括正常工作期间的反复接触。这种浓度泛称为临界极限浓度，通常以在空气中所占的体积百万分比表示。这种极限应作为防止健康受威胁的指南，而不应作为安全浓度和危险浓度之间的界线[30]。

1. 时间加权平均值

时间加权平均值，即通常每周工作 40h 或每工作日 8h 的时间加权平均浓度，所有的工作人员可能日复一日地反复接触此浓度而不会受到不利影响。

2. 短期接触极限

短期接触极限是指工作人员在连续 15min 的时间里可以接触的最大浓度，而又不足以导致事故增加，有碍于自救或大大降低工作效率的慢性的或不可逆的组织变化。但条件之一是，每天接触不得超过 4 次，接触间隔时间至少 60min；条件之二是，不超过时间加权平均值。短期接触应视作最大容许浓度，即 15min 接触期内任何时间也不得超过最大浓度。

10.1.5 毒性分级

1. 急性毒性

急性毒性是在一次染毒条件下（亦有于 24h 内多次染毒）经口吸入或经皮肤涂敷后，以观察一定时间（24h 或 7d）内毒物所引起的症状、死亡情况，用以研究毒物作用特点、作用方式与特点等。

2. 亚急性毒性

亚急性毒性试验是在短期（3 个月左右）内进行有计划的、多次反复染毒条件下，在急性毒性试验的基础上，进一步确定毒物的主要毒性作用、靶器官和最大无作用剂量、中毒阈剂量，并从病理组织变化、生理功能改变、体液成分、某些酶活性的改变上，阐明中毒机理，找出一般性与特殊中毒指标。所以，亚急性中毒为长期多次小剂量给予供试动物引起的反应，每日以 LD_{50} 值的 1/5、1/10、1/20、1/40 灌胃连续 40d，当积累到 4 个 LD_{50} 仍无死亡被认为无明显亚急性毒性。

3. 慢性毒性

慢性毒性试验是在较长期（实验动物一生的大部分时间或终生，有时连续数代，一般是 1～2 年，故亦称长期毒性试验）的一定期间内连续多次反复染毒的条件下，用较小剂量（1/1 000～1/100LD_{50} 或 LC_{50}）或现场实测得的空气中毒物浓度，或现场机体污染剂量；使实验动物长期染毒，以观察毒物可能对机体的损害，并从病理组织变化、生理功能、体液成分、某些酶活性改变等方面，确定慢性阈剂量或阈浓度、最大无作用剂量等，作为制定一种毒物在环境中的最大容许限量和个人每日容许摄入量的依据。

10.1.6 常用熏蒸剂的种类及特性

使用熏蒸剂熏蒸储藏物可以在不移动商品的情况下，达到消除及控制害虫的目的。常用的有磷化氢、溴甲烷、敌敌畏、氯化苦和硫酰氟。

1. 磷化氢

磷化氢扩散性好，挥发性好，略重于空气，易于向粮堆下层钻透。有一定的燃爆性，当空气中磷化氢的浓度超过 1.7%或 26g/m^3 时就形成了燃爆混合比，加之双膦的存在即可自燃，产生白色烟雾（五氧化二磷）。

磷化氢是剧毒气体，容易与铜或铜合金（如青铜）等金属作用；对人的毒性主要作用于神经系统，抑制神经中枢，刺激肺部，引起肺水肿，使心脏扩大。还会影响呼吸系统、心血管系统和肝脏。

2. 溴甲烷

溴甲烷又名溴代甲烷、甲基溴，2015 年在发展中国家取消使用，但一些特殊情况除外。溴甲烷具有快速渗透性、强扩散性，毒气散放容易的特点。在一般熏蒸所用浓度下不燃烧、不爆炸，但在空气中含溴甲烷 13.5%～14.5%（容积比）（即 535～570g/m^3）时，遇火花或火焰时可以燃烧，能对铝、镁、锌及其合金造成腐蚀。

溴甲烷是一种强烈的神经毒剂和作用较弱的麻醉剂。溴甲烷具有缓滞的神经麻醉性，损害神经系统、肾脏、肺。溴甲烷进入人体后，可以引起神经系统积累性中毒以及脑机能的障碍。

3. 敌敌畏

敌敌畏挥发性较强，钻透能力较差，渗透能力低。不易燃烧，可燃性由所用的溶剂决定。有水存在时，对黑铁皮、软钢有腐蚀性；无水时，对铝、镍和不锈钢无腐蚀性[31]。

敌敌畏属中度毒性农药，它可以通过呼吸道、皮肤和口腔引起中毒，对血液中胆碱酯酶活性有抑制作用。中国规定，车间空气中敌敌畏的最高允许浓度为 0.3 mg/m^3。

4. 氯化苦

氯化苦的挥发性、扩散性都较差，易被粮食、器材等吸附，不燃烧、不爆炸。氯化苦气体在有水时对金属（如铁、铜、铝、锌等）有腐蚀作用。

氯化苦是一种毒性很强的毒气，具有催泪及窒息作用。与热的水蒸气和金属相接触时，会产生剧毒窒息性毒气。

5. 硫酰氟

硫酰氟挥发性、渗透性突出，无色无味，不易燃烧，无腐蚀性。在通常的储存条件下，硫酰氟化学性质稳定，不聚合、不分解，且具有较好的热稳定性，通常常温时对物质是惰性的。

硫酰氟毒性相当于溴甲烷对哺乳动物的毒性，只限于有适当资格的人员施用。

10.1.7　常用的现场检测仪器

1. 磷化氢浓度检测仪器

检测试纸，用于是否存在磷化氢的检测，只适于作定性检查。将含有 5%～10%的硝酸银溶液的滤纸条置入熏蒸环境或粮堆中，5～7s 由黄色变为黑色，表示磷化氢的浓度大约为 0.007g/m^3。

磷化氢报警仪，由气体探测器和气体报警控制器组成，依靠气体自然扩散进行磷化氢气体检测并发出报警信号，用于磷化氢安全浓度报警的仪器，可感知浓度为 0～200mg/L，该仪器不能当作检测仪使用。

磷化氢气体硅胶检测管，也称比长式检测管，测定时，先把硅胶管两端锯断，将管上有箭头一端插入橡胶管口内，以 200s 的时间将 50mL 气体均匀地注入硅胶管中，可测定范围为 0.01～1.80mg/L。

磷化氢气体电子检测仪，是采用对磷化氢气体敏感的传感器，感知磷化氢气体的浓度值，并以电流的形式输出相应的电流值，把此微弱信号放大，转换成数字信号，由液晶显示其即时磷化氢气体浓度值。

2. 溴甲烷浓度检测仪器

溴甲烷浓度检测仪器用于溴甲烷的定性检测，可用来检测溴甲烷的近似浓度，浓度达到 200～500mg/m^3 或以上，发现有深绿色—蓝色火焰的颜色反应。

挥发性有机化合物检测仪，简称 VOC（volatile organic compounds）检测仪，是一种广谱性检测仪，灵敏度高，便于携带，可用于溴甲烷气体的定量检测。

气相色谱仪，手提式气体色谱仪，可快速分析出 0.01mg/L 以上浓度溴甲烷气体。

3. 敌敌畏浓度检测仪器

气相色谱仪，对于挥发在空间的敌敌畏浓度，可以迅速测定，可用注射器直接从空间环境气体中取样，进行检测分析。

4. 氯化苦浓度检测仪器

气相色谱仪，同上。

5. 硫酰氟浓度检测仪器

便携式硫酰氟检测仪，将硫酰氟转化为二氧化硫，经处理后通过传感器可以将样品浓度直接表现出来，检测气体分辨率为 1000mg/m^3，测量范围为 0～10 000 000mg/m^3[32]。

10.1.8　常用安全防护装置

1. 自给空气呼吸器

自给空气呼吸器由气瓶、减压器、供气阀、面罩、背板组件等组成，如图 10.1 所示，广泛适用于缺氧、存在不明或已知高浓度有毒有害气体、立即危害人体生命和健康的场所。

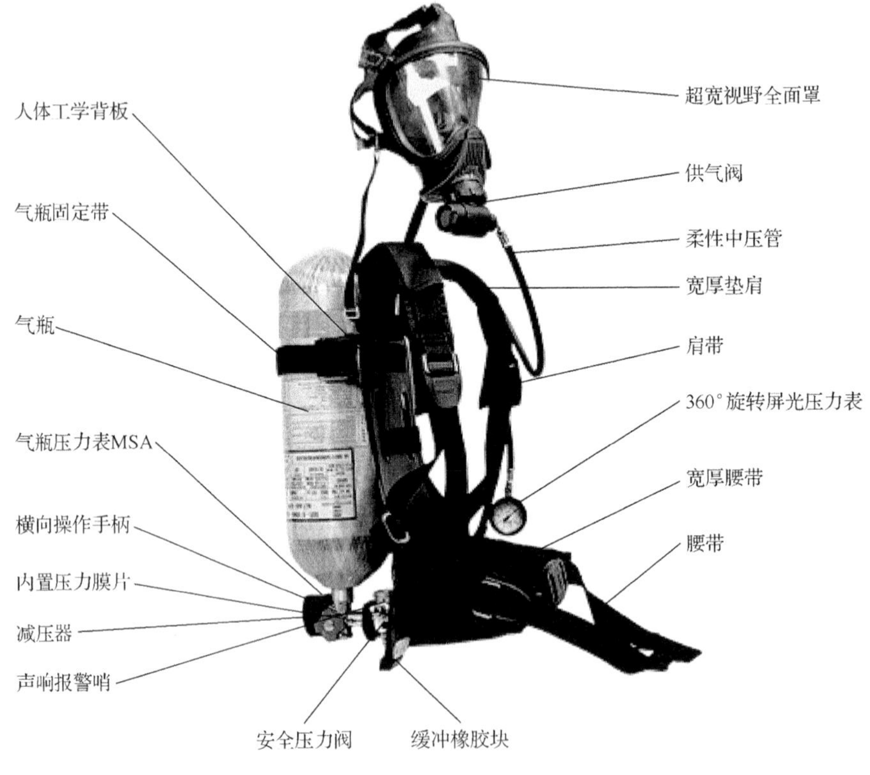

图 10.1　自给空气呼吸器

2. 长管空气呼吸器

长管空气呼吸器由移动供气源、中压橡胶长管、供气阀、全面罩及应急逃生装置组成。它主要用来防御吸入有害气体、粉尘、烟雾等污染物质，并有效抵补缺氧危害，可在缺氧、粉尘、浓烟、雾滴、毒气、毒蒸汽，以及那些肉眼看不见的微小物质等恶劣环境中作业使用。

3. 自吸过滤式呼吸防护面具

自吸过滤式呼吸防护面具由防毒面具与滤毒罐组成，防毒面具与滤毒罐需配套使用，使用时将导气管连接滤毒罐与防毒面具，小型滤毒罐可直接与大视野面罩直接连接使用，具有体积小、携带轻便的特点，无须与导气管连接使用。根据不同防毒性能要求，需特制配套的不同型号滤毒罐，滤毒罐在其寿命到期或已达到推荐使用的期限就必须进行更换[33]。

10.2　熏蒸作业事故的主要类型

熏蒸剂属于危险化学品，依据事故类型分类，熏蒸作业事故主要涉及火灾爆炸、中毒与窒息及其他事故等类型，其中火灾、中毒与窒息为熏蒸作业事故的主要类型。

10.2.1　火灾爆炸

不同熏蒸剂具有的理化特性不同，有的熏蒸剂本身具有可燃性、反应产物或与其他药剂混合产生可燃性。例如，溴甲烷遇明火、高温及铝粉有燃烧爆炸的危险，与碱金属接触受冲击时会着火燃烧；磷化氢在空气中能自燃，与氧接触会爆炸，与卤素接触会激烈反应，接触热源、明火会着火、爆炸。由熏蒸剂引发的火灾，必须针对其化学特性采用正确的消防措施，避免盲目行动，否则将火上浇油。熏蒸剂产生火灾时，严禁用水及泡沫进行灭火，应急消防措施是用干沙、石粉、干粉、二氧化碳灭火。

10.2.2　中毒与窒息

中毒与窒息事故主要源于对熏蒸剂的危险性和危害性认识不足、缺乏有效的防护措施。

1）磷化氢毒性主要作用于神经系统，抑制神经中枢，刺激肺部，引起肺水肿，使心脏扩大。其中，以神经系统受害最早且最严重，还会影响呼吸系统、心血管系统和肝脏。吸入磷化氢气体、误服或吸入磷化物粉末亦可引起中毒。长期和低浓度的磷化氢接触可引起慢性中毒。磷化氢对高等动物有积累毒性，磷化氢中毒有一定的潜伏期，一般在 24h 以内；偶有长达 2～3d 的，在此期间应密切观察。

2）溴甲烷是一种强烈的神经毒剂和作用较弱的麻醉剂。除从呼吸器官吸入外，还可从皮肤进入人体。溴甲烷是无警戒性的毒气，具有缓滞的神经麻醉性，损害神经系统、肾脏、肺。溴甲烷进入人体后，分解为甲醇及溴化氢，甲醇可生成甲醛，可以引起神经系统积累性中毒。有的资料介绍溴甲烷对琥珀酸脱氢酶有抑制作用，引起脑机能的障碍。溴甲烷中毒具有潜伏期和积累的特点，使用时必须高度注意安全。中毒后的潜伏期长短，因人体质不同而异。急性中毒症状短的可在 4～6h 出现，长的要 2～3d 才能出现，慢性中毒需数周或数月才能有反映。一般表现为恶心、呕吐、头晕、视物重影或视力模糊、异常疲劳、头痛、食欲减退、腹痛、话语减少（含糊不清）、精神错乱、惊厥等。

3）敌敌畏可以通过呼吸道、皮肤和口腔引起中毒，对血液中胆碱酯酶活性有抑制作用，为中等毒性农药。敌敌畏对高等动物的毒性要大于敌百虫，对白鼠口服 LD_{50} 为 56～80mg/kg，大白鼠经皮 LD_{50} 为 75～107mg/kg。中毒预警症状表现为无力、头痛、胸闷、视觉模糊、瞳孔极小无反应、流涎、出汗、恶心、呕吐、腹泻和腹部痉挛等。

4）氯化苦是一种毒性很强的毒气，具有催泪及窒息作用，能够引起眼与咽喉部刺激症状、头痛、恶心、呕吐、腹痛、呼吸困难、心悸、气促、胸部紧束感等，严重者会发生肺水肿致死，能够引起角膜炎、虹膜炎，灼伤皮肤等。

5）硫酰氟对哺乳动物的毒性相当于溴甲烷，能引起呼吸道刺激、恶心、腹痛、说话迟缓或含糊不清、肢体麻木、意识不清等中枢神经系统抑制的中毒症状。

10.2.3　其他事故

尽管熏蒸作业有着规范、严格操作程序的系统过程，但在药剂存储、运输、熏蒸操作、残渣处理等各个环节都可能存在安全隐患，如存储环节可能发生药剂库失盗、药剂分装期间丢失、药剂库浸水、钢瓶气泄漏等事故；残渣处理时可能发生人员中毒、火灾等事故。

10.3　易发熏蒸作业事故的环节

10.3.1　药剂储存

存放磷化氢药剂的库房达不到防盗、防潮的要求，导致药剂失盗和药剂库浸水。

10.3.2　药剂分装

作业人员未经过岗前培训或作业现场管理混乱，易造成药剂丢失和人员中毒事故的发生。

10.3.3　熏蒸施药

施药过程中通风不畅，导致局部磷化氢浓度过高，易引发火灾。

10.3.4　熏蒸期间

作业场所熏蒸密闭期间，作业人员未设置警戒线、警示标志或警戒线的安全距离不足 20m；巡查人员未定时检测作业场所周围磷化氢浓度，易造成人员中毒事故。

10.3.5　散气

熏蒸杀虫结束后，需采用通风（机械强制通风、自然通风）的方式散去残余熏蒸剂，此过程为事故多发环节。熏蒸环境进行了长时间密闭，由于粮油本身的特性，熏蒸环境中气体成分组成发生改变，如氧气浓度低、二氧化碳浓度高、局部熏蒸剂浓度高等；由于粮油和围护结构具有吸附解吸的特点，熏蒸剂在物质内有滞留，造成作业人员中毒或窒息事故。

10.3.6　残渣处理

熏蒸作业时，有些熏蒸剂不会存留残渣，有些熏蒸剂除了处理本身的残留物外，还会有副产品，这些要进行残渣处理。例如，采用磷化氢熏蒸时，除了会有未反应的磷化铝外，还会有氢氧化铝、石蜡、硬脂酸镁等，其中未反应完全的磷化铝会再次产生磷化氢，造成中毒事故[34]。

10.4　易发熏蒸作业事故的危险源

10.4.1　人的因素

熏蒸作业是一项专门化的工作，必须由专业人员进行，作业人员不仅熟悉害虫知识，还要掌握熏蒸剂知识，因此，承担熏蒸作业工作的人员必须经过严格培训并接受安全操作的训练，同时要持证上岗。熏蒸作业事故涉及人的危险源因素包括报批与备案、岗前培训、熏蒸设备准备、熏蒸设备检查、检测仪器使用与保养、防护装置的检查与使用、人员责任分工与指挥、散气收尾、警示、熏蒸材料记录等。

10.4.2　物的因素

呼吸器和呼吸防护面具是熏蒸作业保护接触熏蒸剂人员所使用的最重要

的设备，是熏蒸作业事故最主要的危险源，粮油仓储熏蒸作业的安全防护设备或装置只限于购买取得相关资质并获得有关部门批准的专用设备或装置。对于整套装置，应从同一厂家一并购买。一定要做好呼吸器、滤毒罐的使用检测和保管。

其他熏蒸作业事故的危险源包括报警仪、浓度检测仪、环流风机、熏蒸管路、熏蒸剂存储钢瓶、发生器，以及暴露在熏蒸环境中的供电线路或设备。

10.4.3　环境因素

作业环境不仅直接影响熏蒸效果，而且是熏蒸作业事故的重要因素，其中事故危险源包括熏蒸作业的围护结构（气密性要求）、气象条件（温度、风、雨）、熏蒸时间等。

10.4.4　管理因素

熏蒸作业是一项复杂的、系统性、程序化的作业过程，应按照熏蒸作业的客观规律进行，做好统筹管理、有计划实施。熏蒸作业事故危险源涉及管理的方面包括熏蒸方案、参与人员和数量、单位负责人或上级主管部门的批准、责任分工、指挥、培训与演习、应急处理、安全警示、日常检查制度、日常检查记录。

10.5　基本要求

熏蒸作业中使用的熏蒸剂是易挥发、有渗透性和毒性的化学药品，作业人员除了掌握熏蒸剂的理化特性基础知识外，还需掌握熏蒸程序的特别预防措施和注意事项，在熏蒸作业前、中、后都必须做好预防。

10.5.1　熏蒸作业前预防

熏蒸作业必须经单位负责人批准，熏蒸负责人及操作人员必须持证上岗。大型熏蒸作业前，应通知当地卫生、消防部门，以便做好应急准备。

有心脏病、肝炎、肺病、贫血、精神不正常、神经过敏、高血压、皮肤病、皮肤破伤的患者，处于怀孕期、哺乳期、月经期的妇女，以及不能佩戴防护装置和经医生诊断认为不适合接触毒气的人员，不得参与施药或接触毒气作业。

熏蒸的仓房必须符合熏蒸仓要求，不具备熏蒸条件的仓房一律不能进行熏蒸作业。在仓房四周 10m 左右处设置警戒线、明显标志牌。

10.5.2 熏蒸操作中的预防

在进行熏蒸操作过程中，包括分药、投药、散气、残渣处理等，必须佩戴空气呼吸器或型号合适的呼吸防护面具，穿工作服、戴手套。施药时，药液沾染皮肤的，应及时用清水、肥皂彻底清洗。

任何熏蒸作业，不论规模大小，严禁独自进行。熏蒸施药时，必须有专人负责清点人数，封门前确保全部进仓人员均已出仓。

参照临界极值控制作业时熏蒸剂接触浓度。例如，磷化氢的时间加权平均值为 0.3mg/m^3，短期接触极限为 1mg/m^3；溴甲烷的时间加权平均值为 5mg/m^3，短期接触极限为 15mg/m^3；敌敌畏的时间加权平均值为 0.1mg/m^3，短期接触极限为 0.3mg/m^3；氯化苦的时间加权平均值为 0.1mg/m^3，短期接触极限为 0.3mg/m^3；硫酰氟的时间加权平均值为 5mg/m^3，短期接触极限为 10mg/m^3。指导每次熏蒸作业时间，每天累计熏蒸作业时间。

10.5.3 熏蒸期间预防

施药完毕、仓门密闭后，避免接触外溢的熏蒸剂和防止人员未经许可进入熏蒸环境，确保在熏蒸处理时间内警示标志完好。若有特殊情况，人员需要进仓，必须检测仓内毒气浓度、氧气浓度，采取防护措施。

10.5.4 熏蒸后预防

达到熏蒸处理的时间后，熏蒸仓必须进行充分通风，检测熏蒸剂是否除去，并采用预防措施，防止解吸的熏蒸剂产生危害。

熏蒸后有残渣的熏蒸剂，应做好无害化处理，使用器具、药品装具等清洗后妥善保管，不得改作他用。

熏蒸作业前后禁止饮酒，做好接触毒气人员的保健。

10.5.5 演习和训练

在熏蒸作业演习中，参与熏蒸作业人员，必须明确指挥人员、施药人员的分工，清点人员等，交代任务，明确责任，进行演习作业。

急救训练，所有熏蒸组人员都应接受全面的基本急救训练，准备充分的急救箱及所使用熏蒸剂中毒性质资料及救治方法。一旦发生紧急情况，急救技能是最实用的技能，急救资料会为医生提供有针对性的参考。

10.5.6 其他注意事项

在施药和环流熏蒸过程中，对突然停电要有准备和应急措施，以确保人身和设施安全。为了工作安全，熏蒸过程中严禁烟火。进仓导气管和仓外的气体导管都不能有堵塞、压扁和漏气现象。用磷化氢潮解箱等产生磷化氢时，也应准备充足的二氧化碳，尤其当突然停电和风机突然故障时，可以充入二氧化碳作为应急措施，以防磷化氢过度积累而引起燃爆。

环流熏蒸所用的仪器、设备应有必要的备用件，以备必要时及时更换。所用机器上的控件仪表和各构件，在操作时不得用力过猛，更不能随意拆卸。在工作期间，操作人员应随时观察机器运行情况，以免发生意外。注意保持各熏蒸仪器设备控制面板和控制装置的清洁和干燥。熏蒸设备电器部分工作不正常时，先检查熔断器是否烧坏，再检查各线路接头是否正常，最后检查各单件是否损坏。当投药设备有漏气时，检查各管路是否有破损，连接接头有无松开或损坏，如有损坏要及时更换或维修。如设备发生故障，应及时与厂家联系或请厂方派人维修。非专业人员不要擅自拆机。

10.6　急 救 措 施

熏蒸作业事故主要以火灾、中毒与窒息为主，其中火灾处理参考第 6 章处理，对于后者，除了不同熏蒸剂中毒有特殊要求外，一般的吸入或洒出所造成事故的规则如下：急救处理务必立即进行，应在医务人员到达前开展；将患者移到空气新鲜场所，保持新鲜空气流动，去除污染衣物，保暖，让患者保持平静。若停止呼吸或呼吸不规则，则应进行人工呼吸；若污染皮肤，则用水淋洗；若污染眼睛，立刻（不要延误）用水不停冲洗，并尽快就医。

10.6.1　磷化氢中毒急救措施

在磷化氢操作中如发生人员中毒，应及时抢救。首先要将中毒人员转移到新鲜空气处，脱掉污染衣服，清洗皮肤特别是暴露部分，还应注意保暖。

误服中毒者用 1∶5000 高锰酸钾溶液洗胃。无洗胃条件时，可用硫酸铜催吐，即每 5～10min 饮浓度为 1%的硫酸铜溶液一汤匙，至呕吐为止；或饮用大量水后再刺激咽喉引吐。

可用浓度为 50%的葡萄糖静脉注射或用浓度 10%的葡萄糖缓慢静脉注射，输液量不宜过大；可服用硫酸镁泻剂，忌食油脂类食物或蓖麻油泻剂。咳嗽、胸闷时，可内服镇咳药物及氨茶碱。肺水肿、抽搐、呼吸衰竭等要对症治疗，禁用吗啡类药物。

如中毒较重，要及时住院治疗，治疗可参照国家标准 GB 211—2014《职业性急性磷化氢中毒诊断标准及处理原则》职业性急性磷化氢中毒诊断标准及处理原则。

10.6.2　溴甲烷中毒急救措施

由于溴甲烷中毒症状通常滞后出现，一旦出现中毒症状，熏蒸人员应立即离开，并遵照医嘱治疗，可完全康复。

10.6.3　敌敌畏中毒急救措施

只要怀疑是敌敌畏中毒，相关人员就应立即离开熏蒸环境，避免再次接触毒剂。若是外部接触中毒，立即脱去被污染的衣物，用肥皂、清水彻底清洗。如果敌敌畏进入眼睛，立即用自来水至少冲洗 10min。如果是吞入，立即催吐或洗胃。特别注意的是，阿托品是敌敌畏中毒的解毒药，除非中毒症状出现，不可使用。若血液中胆碱酯酶未恢复正常，绝不能与任何有机磷杀虫剂或氨基甲酸酯杀虫剂接触[31]。

10.6.4　氯化苦中毒急救措施

作业人员若怀疑氯化苦中毒，发现自己开始流泪时，应迅速离开现场。严重者应立即到空气流通的上风方向，摘去防毒面具，脱去工作服休息。眼部受到刺激的，用浓度为 2%的硼酸水洗眼；上呼吸道有刺激症状者，可吸入苏打蒸汽（苏打一茶匙溶于一杯水内）。药剂触及皮肤的，及时用肥皂洗涤。呼吸困难或呈现窒息时可输氧，或在皮下注射强心剂，严禁对患者进行人工呼吸。

10.6.5　硫酰氟中毒急救措施

采用硫酰氟进行熏蒸作业时，如出现中毒症状，应立即将中毒人员置于新鲜空气里，使其面部朝下，头部略低于肺部，保暖，送医治疗。

10.7　熏蒸作业事故的案例分析

王某居室为二楼单间，窗户常年关闭并用塑料纸封闭。居室隔壁为个体粮仓，墙体为砖混结构，因老旧形成多处 0.3cm 左右的裂缝。粮仓仓主于 20××年10 月 25 日在粮仓投放过磷化铝熏蒸粉剂（$3g/m^3$）。粮仓门窗封闭至 11 月 2 日，其间日平均气温 26～27℃。产生的磷化氢气体通过墙体裂缝弥散于居室，加之居室门窗密闭，空气不对流，气温又较高，更有利于磷化氢气体在有限的空间渗透和扩散，导致王某（34 岁）及其子（14 岁）磷化氢气体吸入中毒，于 10 月 28

日死亡[35]。

【原因分析】

1）在管理方面，违反了国家有关规定。首先，作业人员没有粮油保管员职业资格；其次，没有制定熏蒸方案，也未在当地粮食行政部门进行熏蒸作业方案备案。

2）在操作程序方面，作业人员违反了现行操作规程。

本 章 小 结

熏蒸作业是粮油仓储企业进行储粮害虫治理过程中不可或缺的环节，安全防护技术是保障熏蒸作业人员健康、安全的必要技术。随着安全管理和安全意识的增强，无论是粮油仓储企业管理者还是开展具体熏蒸作业的操作人员，对于安全生产事故防范均十分重视，但是对于熏蒸作业安全防护知识和技术了解、掌握还很薄弱。本章重点介绍了熏蒸作业的基本概念、熏蒸作业事故的主要类型、易发熏蒸作业事故的环节、事故预防基本要求、急救措施及典型事故案例。

第 11 章　粮油仓储企业高空作业安全生产技术

11.1　基 本 知 识

11.1.1　高空作业

高空作业，又称高处作业，是指在距坠落高度基准面 2m 或 2m 以上有可能坠落的高处进行的作业；或工作斜面坡度大于 45°，工作地面没有平稳的立脚地方或有震动的地方，应视为高空作业。

11.1.2　高空作业法规、标准

涉及高空作业安全的法律法规主要有《安全生产法》《中华人民共和国建筑法》《中华人民共和国电力法》《中华人民共和国矿山安全法》《建设工程安全生产管理条例》，目前粮油仓储行业还未有专门法规或规范标准等。

11.1.3　高空作业分级

高空作业分为以下四级。

1）一级高空作业，高空作业高度在 2～5m。

2）二级高空作业，高空作业高度在 5～15m。

3）三级高空作业，高空作业高度在 15～30m。

4）特级高空作业，高空作业高度在 30m 以上。

11.1.4　高空作业审批

高空作业实行审批制，具体如下。

1）一级高空作业由作业部门负责人审批。

2）二级高空作业由单位分管负责人审批。

3）三级及特级高空作业由单位法人审批；安全管理员负责现场监督检查。

11.1.5　直接坠落的客观危险因素

国家标准 GB/T 3608—2008《高处分级作业》明确指出了 12 种直接引起坠落的客观危险因素，主要涉及风速风力、温度、带电环境、有害气体等[36]，具体如下。

1）刮风。阵风风力较大（5 级、风速 8.0m/s 以上）。

2）高温。夏天高温作业。

3）低温。冬天平均气温等于或低于 5℃的作业环境。

4）易滑面。作业场地有冰、雪、霜、水、油等易滑物。

5）光照。作业场所光线不足，能见度差。

6）带电。作业活动范围与带电体的距离小于 1.7m。

7）支撑面不稳定（不可靠或狭窄）。支撑面不稳定、摆动，立足处不是平面或只有很小的平面，即任一边小于 500mm 的矩形平面、直径小于 500mm 的圆形平面或具有类似尺寸的其他形状的平面，致使作业者无法维持正常姿势（如提升机检修平台等）。

8）作业强度或时间。体力劳动强度较大或持续时间较长的作业。

9）作业环境缺氧或存在有毒气体。存在有毒气体或空气中含氧量低于 19.5% 的作业环境。

10）仓房爬梯严重锈蚀。仓房爬梯锈蚀损毁，导致强度不够。

11）仓房室外钢梯倾斜角大于 45°。

12）事故救援。可能会引起各种灾害事故的作业环境和抢救时突然发生的各种灾害事故。

11.1.6　高空作业安全防护装备

高空作业安全防护装备涉及安全帽、安全绳、自锁器、安全带、脚手架、梯子、吊篮、脚口、跳板、升降用的卷扬机等。安全防护装备必须完好，由专人负责保管，经常维护保养，定期检查更新。

11.2　高空作业的基本类型

常见的高空作业类型包括临边高空作业、洞口高空作业、操作平台高空作业、攀高高空作业、悬挂高空作业、交叉高空作业等[37-44]，具体说明如下。

1）临边高空作业，是指工作面边沿无围护设施或围护设施高度低于 80cm 时的高空作业。

2）洞口高空作业，是指深度在 2m 及以上的桩孔、人孔、沟槽与管道孔洞等边沿的作业。

3）操作平台高空作业，是指采用高空作业平台在指定高度进行的作业。

4）攀登高空作业，是指借助登高用具或登高设施在攀登条件下进行的高空作业。

5）悬挂高空作业，是指在周边临空状态下进行的高处作业。

6）交叉高空作业，是指在施工现场的上下不同层次，于空间贯通状态下同时进行的高处作业。

11.3　高空作业事故的主要类型

高空作业引起的常见事故有高空坠落、中毒、触电、烫伤、烧伤（化学烧伤）、高处落物等，其中，高空坠落事故约占 60%。

11.4　高空作业事故的危险源

11.4.1　人的因素

高空作业事故大部分是由人的因素直接造成的，包括施工人员患有高血压、心脏病、癫痫病、恐高症或生理存在缺陷，年龄偏大；使用脚手架、平台、梯子时，违规作业，不系安全带或者系挂不正，或穿硬底鞋，或未搭设脚手架、未设安全网；高处施工作业人员酗酒，施工作业人员、监护人缺乏必要的施工经验和施工技能，安全意识淡薄，未经培训和安全教育，应变能力差等。

11.4.2　物的因素

防护装备安全帽、安全绳、自锁器、安全带、脚手架、梯子、吊篮、脚口、跳板、升降用的卷扬机等不符合要求或有缺陷，安全防护装备处于不安全状态，容易导致事故的发生。

11.4.3　环境因素

不适宜高空作业的恶劣气候，如大风雪、大雾、大暴雨、雷电等；立体交叉作业，脚手架使用不合理；在邻近地区或周围环境排放有毒、有害气体及粉尘超出允许浓度；使用的平台地面油污、地面滑，施工平台、临边、洞口等无防护栏杆或安全设施等。

11.4.4　管理因素

管理因素往往是被忽视的环节，主要体现为高处作业的专项风险识别和评估、施工人员的风险告知、办理作业前安全分析和作业许可证、风险和控制措施交流、交叉作业安全措施、高处作业应急救援预案等。

11.5　高空作业防护

11.5.1　高空作业人员身体健康

1）患有高血压、心脏病、严重贫血、癫痫病，以及其他不适于高空作业的人员，禁止从事高空作业。

2）从事高空作业的人员必须身体健康情况良好，年龄一般应在 55 岁以下。

11.5.2　高空作业人员个体防护

1）工作区的每个人都要按规定穿戴工作服、手套、安全帽、安全鞋。

2）工作服的锁扣保持灵便。

3）安全帽应使用检验合格的产品。

4）工作鞋应为软底防滑鞋，不准穿硬底、带钉易滑的鞋。

5）作业人员必须使用安全带和安全绳。安全带必须完好、要有足够的强度，并适合该项工作的特殊工作要求；应将绳子系牢在坚固的建筑结构上或金属结构上，不准系在活动的物体上。一般采取高挂低用方式，配有的短绳必须用尼龙或强度相当的材料制作，短绳的长度必须能够调节。

6）进行作业的人员应佩带工具袋。

7）工作人员进入工作区时不得佩戴会被钩住、挂住的珠宝首饰或其他装饰品。头发及胡须不得妨碍防护用品的有效功能。

8）发现高空作业的安全技术措施、设施设备有缺陷或隐患时应及时解决，危及人身安全时应停止作业。

11.5.3　作业设施设备的选择

1）作业用梯子。应保证踏板完好无损，无缺陷及开裂现象，立脚无弯曲变形；梯底宽度不少于 50cm，并应有防滑装置。人字梯拉绳必须牢固，闭锁部件应完好。

2）临时架设的作业平台。应使用符合要求的钢管脚手架，不得使用竹木脚手架。操作平台上应显著地标明容许荷载值、操作平台上人员和物料的总重量，严禁超过设计的容许荷载。

3）仓房的固定爬梯。应采取有效的防锈蚀措施，确保固定爬梯有足够的强度和刚度。爬梯应有可靠的护栏。

4）高空作业的沿口、孔洞处（如吊物洞、仓顶下人孔等），应设置标志或护栏，防止失足踏空。

11.6　高空作业实施要求

11.6.1　登高前准备与检查

操作者必须对所有作业器具和设施的安全有效性进行确认。

1）高空作业必须按要求办理登高作业审批手续。

2）高空作业应指定专门监护人员，监督高空作业人员遵守规章制度，防护高空作业人员的安全。

3）登高前，作业负责人或组长应对主要人员进行现场安全提示和危险源辨识。

4）作业现场要按规定，设置足够的安全警示标志，安全标志必须醒目。在地面坠落区设置警戒线，地面人员严禁在高空作业坠落区停留或通过。

5）登高作业前应仔细检查个体防护用品、登高工具和安全用具，如安全帽、安全带、梯子、跳板、脚手架等，有不符合要求的，应立即改进，严禁冒险作业。

6）高空需焊接、气割作业时，必须先办理动火手续，事先清理火星飞溅范围内的易燃易爆物品，并设人员监护。

7）当存在结冰、积水时，必须清除并采取防滑措施后方可工作；有 6 级以上大风时，禁止露天高空作业。

11.6.2　作业实施要求

1）进行作业的工人应将作业使用的小型工器具、零件、材料等放入随身携带的工具袋中，不准在钢管、脚手架、建筑物上乱放。

上下时手中不得拿东西，并必须从指定路线上下，不得在高空投掷材料或工具等，不得将易滚动的工具、材料随意堆放在脚手架上，应找适当的位置放好，或用绳索、铅丝捆绑牢靠。上下大型物件时，应采用可靠的起吊机具。

2）使用梯子时，必须先检查梯子是否坚固，是否符合安全要求，须安排专人看护；登高单梯只允许 1 人操作，支设角度以 60°～70°为宜，梯子下脚要采取防滑措施；支设人字梯时，两梯夹角为 40°，同时两梯要固定牢固，移动时禁止上面站人。

3）雷、雨、闪电，以及 6 级以上大风天气时，应停止户外高空作业。

4）夜间高空作业应保证有充足的照明。

5）严禁上、下层同时垂直作业。无法避免时，中间应有隔离防护措施，且上层不准堆放工具、物件。

6）在石棉、玻纤瓦上工作，要用跳板垫在瓦上行动，防止踩破石棉瓦坠落。

7）高空作业要与架空电线保持规定的安全距离。用电设备维修需高空作业前应先切断电源，如确需带电作业，需同时有 2 人在场。

8）站在临时跳板上工作时，不得站在跳板的端头。在同一跳板上的作业人员不得超过 2 人。

9）工作时不准打闹，严禁坐在高空无遮拦处休息，防止坠落。

10）工作完毕应及时将工具、零星材料、零部件一切易坠落物件清理干净，以防落下伤人。

11）其他人员尽量不进入高空作业区，如确需进入，必须佩戴安全帽。

11.7 应急处理

高空作业最大的危害是高处坠落，现场救护因伤害程度不一，处理方法不尽相同，原则上要求果断，及时稳妥，向医院求助。

11.8 高空作业事故的案例分析

在海口秀英区兴海路 19 号办厂的海南某粮食贸易有限公司，9 月 18 日中午 12 点 18 分，铁皮粮食仓库的建筑已接近尾声，刘某站在 15m 高的铁皮粮食仓库的屋顶上打玻璃胶，封堵相连的铁皮留下的缝隙。他的妻子则在地面用吊绳给屋顶的刘某传送建筑工具。站在 15m 高屋顶上作业的刘某除了绑在身上的一根绳子外，没有其他任何安全保护措施。刘某解开绳子正准备下来时，脚下突然踩空，整个人从 15m 高的屋顶上摔落下来落在水泥地板上，不省人事。救护车赶到现场时，刘某已身亡。

【原因分析】

1）高空作业没有安全防护措施，如未搭建脚手架等。

2）没有向政府有关部门报建，未办理登高作业审批手续、无专门监护人员等。

3）应急处理不当，没有应急处理措施。

本 章 小 结

本章重点介绍了高空作业的基本概念、高空作业的基本类型、高空作业事故的主要类型、高空作业事故的危险源、高空作业防护、高空作业实施要求、急救措施及典型事故案例。

第 12 章　粮油仓储企业电气设备安全生产技术

12.1　电气设施伤害的主要类型

电气伤害包括人身伤害和设备损坏。按照电能的形态，电气伤害可分为触电、雷电、静电、电磁辐射等造成的危害。

12.1.1　触电危害

触电危害是由电流及其转换成其他形式的能量造成的伤害。触电危害往往突然发生，在极短时间内造成严重后果。触电危害通常分为电击和电伤。电击是电流直接作用于人体所造成的伤害。电伤是电流转换成热能、机械能等其他形式的能量作用于人体造成的伤害。电流通过人体内部，能使肌肉产生突然收缩效应，产生针刺感、压迫感、打击感、痉挛、疼痛、血压升高、昏迷、心律不齐、心室颤动等症状。数十毫安的电流通过人体可使呼吸停止，直接流过心脏会导致致命的心室纤维性颤动。电流对人体损伤的程度与电流大小、电流持续时间、电流种类、电流途径、个体健康状况等因素有关。

1. 电击

通常所说的触电指的是电击。电击分为直接接触电击和间接接触电击。前者是触及正常状态下带电的带电体时发生的电击，也称为正常状态下的电击；后者是触及正常状态下不带电，而在故障状态下意外带电的带电体时发生的电击，也称为故障状态下的电击。

2. 电伤

电伤分为电弧烧伤、电流灼伤、皮肤金属化、电烙印、机械性损伤、电光眼等伤害。电弧烧伤是由弧光放电造成的烧伤，是最危险的电伤。电弧温度高达8000℃，可造成大面积、大深度的烧伤，甚至烧焦、烧毁四肢及其他部位。

12.1.2　雷电的种类及危害

雷击伤害是由自然界中正负电荷形式的能量造成的危害。

1. 雷电的种类

（1）直击雷

直击雷是带电积云接近地面至一定程度时，与地面目标的强烈放电。直击雷的每次放电有先导放电、主放电、余光 3 个阶段。大约 50%的直击雷有重复放电特征。每次雷击有三四个冲击至数十个冲击。一次直击雷的全部放电时间一般不超过 500ms。

（2）感应雷

感应雷也称雷电感应，分为静电感应雷和电磁感应雷。静电感应雷是由于带电积云在架空线路导线或其他导电凸出物顶部感应出大量电荷，在带电积云与其他客体放电后，感应电荷失去束缚，以大电流、高电压冲击波的形式，沿线路导线或导电凸出物的传播。电磁感应雷是指雷电放电时，巨大的冲击雷电流在周围空间产生迅速变化的强磁场，在邻近的导体上产生的很高的感应电动势。

（3）球雷

球雷是雷点放电时形成的发红光、橙光、白光或其他颜色光的火球。从电学角度考虑，球雷应当是一团处在特殊状态下的带电气体。

此外，直击雷和感应雷都能在架空线路或在空中金属管道上产生沿线路或管道的两个方向迅速传播的雷电冲击波。

2. 雷电的危害

雷电具有雷电流幅值大、雷电流陡度大（可达 50kA/μs）、冲击性强、冲击过电压高的特点。其特点与其破坏性有紧密的关系。雷电有电性质、热性质、机械性质等多方面的破坏作用，均可能带来极为严重的后果。

（1）火灾和爆炸

直击雷放电的高温电弧、二次放电、巨大的雷电流、球雷侵入可直接引起火灾和爆炸；冲击电压击穿电气设备的绝缘等可间接引起火灾和爆炸。

（2）触电

积云直接对人体放电、二次放电、球雷打击、雷电流产生的接触电压和跨步电压可直接使人触电；电气设备绝缘因雷击而破坏也可使人遭到电击。

（3）设备和设施毁坏

雷击产生的高电压、大电流伴随的汽化力、静电力、电磁力可毁坏重要电气装置、建筑物及其他设施。

（4）大规模停电

电力设备或电力线路破坏后即可能导致大规模停电。

12.1.3　静电危害

静电危害是由工艺过程中或人们活动中产生的、相对静止的正电荷和负电荷形成的能量造成的伤害。

1. 静电的产生

最常见产生静电的方式是接触—分离起电。当两种物体接触，其间距小于 25×10^{-8} cm 时，将发生电子转移，并在分界面两侧出现大小相等、极性相反的两层电荷，当这两种物体迅速分离时即可能产生静电。

下列工艺过程比较容易产生和积累危险静电。

1）固体物质大面积的摩擦。

2）固体物质的粉碎、研磨过程；粉体物料的筛分过滤、输送、干燥过程；悬浮粉尘的高速运动。

3）在混合器中搅拌各种高电阻率物质。

4）高电阻率液体在管道中高速流动、液体喷出管口、液体注入容器。

5）液化气体、压缩气体或高压蒸汽在管道中流动或有管口喷出时。

6）穿化纤布料衣服、穿高绝缘鞋的人员在操作、行走、起立时。

2. 静电的特点

1）静电电压高。静电能量不大，但其电压很高。固体静电可达 20×10^4V 以上，液体静电和粉体静电可达数万伏，气体和蒸汽静电可达 10 000V 以上，人体静电也可达 10 000V 以上。

2）静电泄漏慢。由于积累静电的材料电阻率都很高，其上的静电泄漏很慢。

3）静电的影响因素多。静电的产生和积累受材质、杂质、物料特征、工艺设备（几何形状、接触面积）和工艺参数（作业速度）、湿度、温度、带电历程等因素的影响。由于静电的影响因素多，静电事故的随机性强。

3. 静电的危害

工艺过程中产生的静电可能引起爆炸和火灾，也可能给人以电击，还可能妨碍生产。其中爆炸和火灾是最大的危害和危险。

12.1.4　电磁辐射危害

辐射电磁波是指频率 100kHz 以上的电磁波。在一定强度的高频电磁波的照射下，人体所受到的伤害主要表现为头晕、记忆力减退、睡眠不好等神经衰弱症状。严重者除神经衰弱症状加重外，还伴有心血管系统症状。电磁波对人体的伤害有滞后性，并可能通过遗传因子影响后代。除对人体有伤害外，高频电磁波还能造成高频感应放电和高频干扰。

除无线电设备外，高频金属加热设备（如高频淬火设备、高频焊接设备）、高频介质加热设备（如高频热合机、绝缘材料干燥设备）也是有电磁辐射危险的设备。

12.2　粮库内电气设施安全作业守则

12.2.1　防触电安全作业守则

1）电气设施的绝缘物应符合其相应的电压等级、环境条件和使用条件，不得受潮。

2）电气设施表面不得有粉尘、纤维或其他污物，不得有裂纹或放电痕迹，表面光泽不得减退，不得有脆裂、破损，弹性不得消失，运动时不得有异味。

3）在低压、高压作业中，人体及其所携带工具与带电体，带电体和地面、树木、其他设备设施、其他带电体等均须保持一定的安全距离。安全距离的大小取决于电压高低、设备类型、环境条件和安装方式等因素。架空线路的间距须考虑气温、风力、覆冰和环境条件的影响。

4）带电体外必须安装牢固的遮栏、护罩、护盖、箱闸等屏护装置，且有足够的尺寸，保持足够的安全距离。金属材料制成的屏护装置应可靠接地，遮栏、栅栏须安装标示牌，遮栏出入口的门上须安装信号装置和连锁装置。

5）电气设备必须设置保护接地系统、漏电保护装置、过电流保护装置。

6）装有配电变压器的企业，须安装保护接零系统。

7）对Ⅱ类电气设施，实施双重绝缘或加强绝缘。

8）安全电压的插销座不得与其他电压的插销座混插。

9）严格执行电气设施维修管理规定，电器设备禁止违规搭接，严防电弧发生。

10）电器设施接头、插座不许出现松动和裸露现象。

11）维修作业现场须采用有效的通风和除尘措施，禁止吸烟及其他明火作业，作业完毕后，必须做到人走闸落，关闭箱门。

12）严格遵守易燃易爆物品管理规定，电气设施周边禁止堆放易燃、易爆杂物。

13）移动机械之前要先关闭电源，拆下接线电缆接头，不准带电移动，以免造成电线短路。

14）移动机械及脚手架时，应使其各部件降到最低位置，以防碰撞高压电线，发生触电事故。

15）夏季多雨季节，露天使用的电气设备必须采取防雨措施，尤其是电器部位。

16）下雨前，必须对作业机械进行漏电检查并加强苫盖。

17）在汛期到来之前，必须对排涝泵及供电线路进行全面检修，凡有裸露的电线必须更换。

18）排涝的电气设施必须采用防水设计。

12.2.2 防静电安全作业守则

1）加强环境危险程度控制，采取取代易燃介质、降低爆炸性混合物的浓度、减少氧化剂的含量等措施，防止静电引起爆炸和火灾的危险。

2）加强工艺控制。为防止静电的泄漏，可采用导电性工具，减少火花放电和感应放电的危险；为限制产生危险的静电，应根据管径控制烃类燃油的流速；为防止静电放电，在液体罐装过程中不得进行取样、监测或测温操作，进行上述操作前，应使液体静置一段时间，使静电得到足够的消散；为避免液体在容器内喷射和溅射，应将注油管延伸至容器底部，装油前清除罐底积水和污物，以减少附加静电。

3）落实接地措施。为消除导体上的静电，金属导体应直接接地；为防止火花放电，应将可能发生火花放电的间隙跨接联通起来，并予以接地；对于产生和积累静电的高绝缘材料，宜通过 $10^6\Omega$或稍大一些的电阻接地。

4）落实增湿措施。为防止大量带电，相对湿度应在 50%以上，为提高降低静电的效果，相对湿度应提高到 65%～70%。此方法不宜用于防止高温环境里的绝缘体上的静电。

5）在容易产生静电的高绝缘材料中加入抗静电添加剂，以降低材料的体积电阻率或表面电阻率，加速静电的泄漏，消除静电的危险。

6）加装静电消除器，以中和物料上的静电电荷，从而消除静电的危险。

7）加强静电安全管理。制定关联静电安全操作规程、静电安全指标，加强静电安全教育和静电检测管理。

8）在密闭空间、粉尘浓度较大的作业场所，必须采用设置绝缘板等防静电设计，确保在作业过程中不产生静电火花。

9）工作人员在粉尘浓度较大的作业场所工作时，必须穿棉质工作服、戴棉质工作帽。

12.2.3 防雷电安全作业守则

1）按照防雷建筑物分类的要求，在易受雷击部位装设避雷针、避雷线、避雷网、避雷带，以防止直击雷的危害。

2）不论是空气中还是地下，必须保证接闪器、引下线、接地装置与邻近导体之间有足够的安全距离，以防止二次放电。

3）为了防止静电感应雷的危险，应将建筑物内不带电的金属装备、金属结构连接成整体并予以接地；将平行管道、相距不到 100mm 的管道用金属线跨接起来。

4）为防止雷电冲击波侵入变配电装置，须在线路引入端安装阀型避雷器，阀型避雷器上端接在架空线路上，下端接地。正常时避雷器对地保持绝缘状态；当雷击冲击波到来时，避雷器被击穿，将雷电引入大地，冲击波过去后，避雷器自动恢复到绝缘状态。

5）对于建筑物，为防止雷电冲击波危害，宜采用全长直接埋地电缆供电，入户处电缆金属外皮接地；架空线转电缆供电，架空线与电缆连接处装设阀型避雷器，避雷器、电缆金属外皮、绝缘子铁脚、金具等一起接地；架空线供电，入户处装设阀型避雷器或保护间隙，并与绝缘子铁脚、金具一起接地。

6）为防止雷击造成人身伤害，雷暴时，应尽量减少在户外或野外逗留；在户外或野外最好穿塑料等不侵水的雨衣；如有条件，可进入有宽大金属构架或有防雷设施的建筑物、汽车或船只。

7）雷暴时，应尽量离开小山、小丘、隆起的小道，应尽量离开海滨、湖滨、河边、池塘旁，应尽量避开铁丝网、金属晒衣绳及旗杆、烟筒、高塔、孤立的树木附近，还应尽量离开没有防雷保护的小建筑物或其他设施。

8）雷暴时，在户内应离开照明线、动力线、电话线、广播线、收音机电视机电源线和天线及与其相连的各种金属设备。

9）雷雨天气，应注意关闭门窗。

12.2.4　防电磁辐射安全作业守则

1）为防止电磁辐射的危害，应采取屏蔽措施。采用主动场屏蔽时，将辐射源置于屏蔽体之内，将电磁场限制在某一范围内，使其不对屏蔽体以外的工作人员或仪器设备产生有害影响；采用被动场屏蔽时，工作人员尽量在屏蔽室操作，且要做好个人防护。

2）采用板状屏蔽时，在其上涂一层微小颗粒材料，可减少电磁波的反射，更有效地吸收电磁波的能量，构成吸收屏蔽。

3）高频接地的接地线不宜太长。接地线长度最好限制在电磁波波长的 1/4 之内。若无法达到这一要求，也应避免波长为 1/4 的奇数倍。高频接地线宜采用多股铜线或多层铜皮制成。屏蔽接地只宜在屏蔽的一点与接地体相连。

4）利用电磁波能在波导管内自由传播的特点，人为改变可能传播电磁波的金属管的几何尺寸和几何形状，以抑制电磁波的泄漏；利用谐振，消耗辐射能量；

通过改进高频设备及其馈线的设计，减少其有效的辐射功率；注意作业场所高频设备的合理布局，以减轻电磁波的干涉、反射和二次反射。

12.2.5　电气装置安全作业守则

1. 变压器安装守则

1）变压器的各部件及本体的固定必须牢固。

2）电气连接必须良好，铝导体与变压器的连接应采用铜铝过渡接头。

3）变压器的接地一般是其低压绕组中性点、外壳及其阀型避雷器三者共用的接地。接地必须良好；接地线上应有可断开的连接点。

4）变压器防爆管喷口前方不得有可燃物体。

5）位于地下的变压器室的门、变压器室通向配电装置室的门、变压器室之间的门均应为防火门。

6）10kV 变压器壳体距门不应小于 1m，距墙不应小于 0.8m，装有操作开关时不应小于 1.2m。

7）采用自然通风时，变压器室地面应高出室外地面 1.1m。

8）室外变压器容量不超过 315kV·A 者可柱上安装，超过者应在台上安装；一次引线和二次引线均应采取绝缘导线；柱上变压器底部距地面高度不应小于 2.5m，裸导体距地面高度不应小于 3.5m；变压器台的高度一般不应低于 0.5m，其围栏高度不应低于 1.7m，变压器壳体距围栏不应小于 1m，变压器操作面距围栏不应小于 2m。

9）变压器室的门和围栏上应有“止步、高压危险”的明显标志。

2. 变压器运行守则

变压器在运行中其高压侧电压偏差不得超过额定值的±5%，低压最大不平衡电流不得超过额定电流的 25%。上层油温一般不应超过 85℃；冷却装置应保持正常，呼吸器内吸潮剂的颜色应为淡蓝色；通向气体继电器的阀门和散热器的阀门应在打开状态，防爆管的膜片应完整，变压器室的门窗、通风孔、百叶窗、防护网、照明灯应完好；室外变压器的基础不得下沉，电杆应牢固、不得倾斜。

干式变压器的安装场所应有良好的通风，且空气相对湿度不得超过 70%。

3. 电力电容器安装守则

1）电容器所在环境温度一般不应超过 40℃，周围空气相对湿度不应大于 80%，海拔不应超过 1 000m，周围不应有腐蚀性气体或蒸汽，不应有大量灰尘和纤维；所安装环境应无易燃、易爆危险或强烈振动。

2）电容器应避免阳光直射，受阳光直射的玻璃应涂以白色。

3）电容器应有良好的通风。

4）电容器外壳和钢架均应采取接地或接零措施。

5）电容器应有合格的放电装置。

4. 电容器运行守则

1）电容器运行中电流不应长时间超过电容器额定电流的 1.3 倍；电压不应长时间超过电容器额定电压的 1.1 倍；电容器外壳温度不得超过生产厂家的规定值（一般为 60℃或 65℃）。

2）电容器外壳不应有明显变形，不应有漏油痕迹。

3）电容器的开关设备、保护电器和放电装置应保持完好。

5. 架空线路安全守则

1）凡档距超过 25m，利用杆塔敷设的高、低压电力架空线路，木电杆梢径不应小于 150mm，不得有腐朽、严重弯曲、劈裂等迹象，顶部应做成斜坡形，根部应做防腐处理；水泥电杆钢筋不得外露，杆身弯曲不超过杆长的 0.2%。

2）绝缘子的瓷件与铁件应结合紧密，铁件镀锌良好，瓷釉光滑，无裂纹、烧痕、气泡或瓷釉烧坏等缺陷。

3）拉线与电杆的夹角不宜小于 45°，若受到地形限制，亦不应小于 30°。拉线穿过公路时其高度不应小于 6m，拉线绝缘子高度不应小于 2.5m。

4）架空线路的导线与地面、工程设施、建筑物、树木、其他线路之间，以及同一线路的导线与导线之间均应保持足够的安全距离。

本 章 小 结

本章重点介绍了电气设施伤害的主要类型、粮库内电气设施安全作业守则。

参 考 文 献

[1] 国家粮食局流通科技发展司．粮油仓储企业安全生产事故案例分析与防范[M]．北京：冶金工业出版社，2012.

[2] 傅贵，张苏，董继业，等．行为安全的理论实质与效果讨论[J]．中国安全科学学报，2013，23（3）：150-154.

[3] 辛小亮，彭松桥，吴振明．中国石油石化安全生产与应急管理技术交流会[C]．北京：中国石油学会，2014：317-320.

[4] 范华胜．粮食储藏过程中危险因素及安全防护措施[J]．粮食储藏，2012，41（2）：13-16.

[5] 张来林，朱同顺，任力民，等．浅谈粮食储藏对仓房设计的要求[J]．粮食加工，2007，32（4）：67-70.

[6] 袁小平．浅圆仓作业安全隐患分析及其治理措施[J]．粮食储藏，2013，（1）：21-25.

[7] 孙宝明．抓好“六防一管”确保露天储粮安全[J]．黑龙江粮食，2013，（8）：53-54.

[8] 姬佳．美国粮仓农工的安全风险识别与防护[J]．中国个体防护装备，2012，（5）：45-50.

[9] 安西友，刘长荣，曹东杰．粮食仓储工作中安全管理的风险点与控制[J]．粮油仓储科技通讯，2012，28（3）：7-9.

[10] 郭江宁，黄金根，何圣军．抓好“四单”作业管理 进一步促进仓储基础管理质量全面提升[J]．粮油仓储科技通讯，2013，29（3）：6-8.

[11] 聂振邦．强化措施，落实责任切实做好粮食行业安全生产工作[J]．粮食加工，2006，31（1）：3-5.

[12] 唐柏飞．我国粮食储藏的现况及发展趋势[J]．中国粮食经济，2007，（1）：35-39.

[13] 郝立群，赵旭．加强粮食仓储业安全生产工作 确保国家储粮安全[J]．粮食加工，2014，39（4）：68-70.

[14] 国家安全生产监督管理总局．化学品生产单位受限空间作业安全规范 AQ 3028—2008 [S]．北京：煤炭工业出版社，2008.

[15] 中华人民共和国卫生部．密闭空间作业职业危害防护规范 GBZ/T 205—2007[S]．北京：人民卫生出版社，2007.

[16] 杨栋梁．工贸企业有限空间作业安全管理与监督暂行规定[J]．林业劳动安全，2014，27（2）：7-8.

[17] 詹继悟．粮食和油料种子在储藏期间的呼吸作用[J]．粮食科技与经济，1998，（4）：29-31.

[18] EMEKCI M, NAVARRO S, DONAHAYE E, et al. Respiration of tribolium castaneum （Herbst） at reduced oxygen concentrations[J]. Journal of stored products research, 2002, 38（5）: 413-425.

[19] 梁微，蔡静平，高翔．CO_2 检测法监测小麦储藏微生物活动的研究[J]．河南工业大学学报（自然科学版），2009，30（2）：55-58.

[20] 黄曼，刘勇，谭华业．粮库安全生产中主要危害因素分析与防范措施[J]．安防科技，2006，（11）：54-57.

[21] 刘洪雁，邹伟，莫代亮，等．高大平房仓仓体和粮面密封处理对自然降氧影响[J]．仓储物流，2008，16（3）：20-23.

[22] 王殿轩，唐多，朱广友．谷蠹感染的小麦储存环境中二氧化碳浓度变化研究[J]．应用昆虫学报，2012，49（2）：490-495.

[23] 中国国家标准化管理委员会．缺氧危险作业安全规程 GB 8958—2006[S]．北京：中国标准出版社，2006.

[24] 杨力勇，田泽允，郭勇．磷化氢对粮食保管员健康的危害[J]．职业与健康，1990，（5）：46.

[25] 王佩祥．储粮化学药剂应用[M]．北京：中国商业出版社，1997.

[26] 杨万群．一氧化碳对人体健康的危害[J]．环境保护，1978，（6）：40.

[27] 刘北辰．粮仓粉尘：看不见的炸药[J]．云南消防，2000，（1）：23.

[28] 白旭光．储藏物害虫与防治[M]．2 版．北京：科学出版社，2008.

[29] 王殿轩，曹阳．磷化氢熏蒸杀虫技术[M]．成都：成都科技大学出版社，1999.

[30] 邦德·E. J. 防治害虫熏蒸法手册[M]．北京：中国农业科技出版社，1988.

[31] 佟淑娇，吴宗之，王如君，等．2001～2013 年危险化学品企业较大以上事故统计分析及对策建议[J]．中国安全生产科学技术，2015，（3）：129-134.

[32] 郑剑宁，裘炯良，杨定波．硫酰氟现场检测技术与应用[J]．中华卫生杀虫药械，2009，（5）：357-359.

[33] 周春华，柳莉，袁红，等．敌敌畏中毒的急救与护理[J]．中国中医药咨讯，2010，228：12.

[34] 汪东旺，李泽，赵鑫华，等. B类滤毒罐防护磷化氢性能评价探讨[J]. 中国个体防护装备，2012,（6）：23-25.
[35] 姚永成. 处理磷化铝残渣引起急性职业中毒事故的调查分析[J]. 安防科技，2004,（9）：31.
[36] 中华人民共和国国家质量监督检验检疫总局，中国国家标准化管理委员会. 高处作业分级 GB/T 3608—2008[S]. 北京：中国标准出版社，2008.
[37] 黄盛初，迪士蒙德·索哈，陈伟超. 加强我国高空作业安全法规标准建设初探[J]. 中国安全生产，2014,（6）：34-35.
[38] 相建诚. 浅析准高处作业坠落事故频发的原因[J]. 建筑安全，2003，18（7）：22-23.
[39] 圣·理查德，曲华锋. 英国高处作业风险评估及应对[J]. 现代职业安全，2015,（7）：25-27.
[40] 赵沁灵. 高处作业不“慎”则危[J]. 现代职业安全，2015,（7）：22-24.
[41] 马怀秋. 高处作业：容易被忽视的隐患[J]. 安全与健康，2006,（17）：34.
[42] 燕列进. 高处作业安全技术措施探讨[J]. 安全，2011，32（10）：59-61.
[43] 石齐. 高处作业的安全防护[J]. 现代职业安全，2007,（3）：86.
[44] 顾赞，徐振振. 高处作业风险防范[J]. 现代职业安全，2015,（7）：14-17.

后　　记

相较而言，发达国家重视安全生产科技基础和安全保障技术装备研究，如美国国家棉花协会开展了不同火源下棉包阴燃和自燃行为的研究；发达国家的粮库建设配套了高度机械化的干燥、清理、进出仓、输送、通风、熏蒸等设备，基本实现了计算机自动化控制和智能化管理，显著增强了物资储备过程中操作人员的安全性。

中国对安全生产保障技术与装备的研究较晚。但近10年，国家粮食和物资储备局高度重视粮食行业的安全生产工作，持续给予国家粮食和物资储备科学研究院政策和专项经费支持；为更好地解决粮食行业安全生产方面的技术难题，国家粮食和物资储备科学研究院牵头，联合河南工业大学、北京粮食集团、辽宁省粮食科学研究所、浙江省储备粮管理有限公司、中储粮集团公司北京分公司的安全生产专家组成研发团队，就粮食出入库、储存环节危险源，火灾预防、粉尘防爆、坍塌事故预防、电气设备事故预防、有限空间作业、熏蒸作业、高空作业等安全生产技术展开研究。

随着粮食行业的快速发展，仓储设施不断完善，储粮技术不断进步，机械化作业程度不断提高，但安全生产风险越来越大。粮油行业安全生产领域仍存在较多薄弱环节，如安全生产标准体系（包括基础标准、技术标准、方法标准、管理标准、产品标准）、事故预警防范与应急处置技术标准不够完善；事故发生机理、事故过程模数化分析与情景再现系统开发等基础性、应用性研究还不够深入等。

希望本书能够让读者进一步认识到安全生产的重要性，以及安全生产技术和设备研发的重要性，提高自身的保护意识，切实避免安全生产事故。